二手车鉴定评估工作页

冯　波　主编
袁　杰　主审

西南交通大学出版社
·成　都·

图书在版编目（CIP）数据

二手车鉴定评估工作页 / 冯波主编. —成都：西南交通大学出版社，2016.1
ISBN 978-7-5643-4559-4

Ⅰ. ①二… Ⅱ. ①冯… Ⅲ. ①汽车－鉴定②汽车－价格评估 Ⅳ. ①U472.9②F766

中国版本图书馆 CIP 数据核字（2016）第 027188 号

二手车鉴定评估工作页
冯　波　主编

责任编辑	孟苏成
封面设计	何东琳设计工作室
出版发行	西南交通大学出版社 （四川省成都市二环路北一段 111 号 西南交通大学创新大厦 21 楼）
发行部电话	028-87600564　028-87600533
邮政编码	610031
网　　址	http://www.xnjdcbs.com
印　　刷	成都中铁二局永经堂印务有限责任公司
成品尺寸	185 mm × 260 mm
印　　张	7
字　　数	156 千
版　　次	2016 年 1 月第 1 版
印　　次	2016 年 1 月第 1 次
书　　号	ISBN 978-7-5643-4559-4
定　　价	19.80 元

课件咨询电话：028-87600533
图书如有印装质量问题　本社负责退换

前　言

本工作页以二手车鉴定评估实际工作为依据，以实际车辆二手车鉴定评估为线索，将各知识点及技能要求串接于各流程当中，使学生能学以致用，解决实际问题。同时将二手车鉴定评估行业的最新国家标准《二手车鉴定评估技术规范》（GB/T 30323—2013）及“二手车鉴定评估师”职业资格鉴定要求融汇其中，以帮助学生掌握最新的行业规范，能够顺利通过相关的职业技能鉴定。

在每个学习情境中以实际的工作任务提出引导问题，通过学生讨论、老师讲授等多种方式来完成所需知识和技能的学习，最后以情景模拟的形式完成设定的工作任务。同时设计有学生自评、组内互评及老师点评环节，以体现对学生表现的全方位客观评价，方便及时总结不足之处。

本工作页以二手车鉴定评估中常见车型“上海大众 POLO”为例，进行情景设计。在实际使用过程中，可依据实训室所配备的具体实训车型进行灵活调整。

本工作页主编为冯波，主要负责工作页整体学习情景设计规划及学习情景一、学习情景二、学习情景三、学习情景四、学习情景七、学习情景八及学习情景九的编写，刘兴尧老师主要负责学习情境五的编写，郝亮老师主要负责学习情境六的编写。在编写过程中，得到了方文副教授的大力支持，并提出了许多宝贵建议，在此表示真诚的感谢。

由于编者水平所限，书中不足之处在所难免，恳请专家、读者提出宝贵意见。并希望通过今后的实践，不断完善。

编　者

2016 年 1 月

目　　录

学习情境一　受理鉴定评估

情境描述

客户王先生准备将其家用的两厢波罗车（POLO 2007 款 劲情 1.4L 自动风尚版）出售，出售前到 AA 二手车评估公司对车辆的价格进行评估。小李进行接待。

学习目标

通过本学习任务的学习，你应当：

1. 能礼貌、熟练地接待客户；
2. 能与客户进行顺畅、愉快的沟通；
3. 能正确为客户介绍有关二手车评估流程、所需手续等事宜。

建议教学时间

4 学时。

引导问题

一、任务准备（建议学习时间：1 学时）

引导问题 1　什么是二手车评估？

（1）资产的概念

资产是______________________拥有或控制的，能以__________计量的，能够给______________________带来经济效益的经济资源。

（2）资产的分类

分类依据	具体类型	
按存在形态分	有形资产	
按是否具有综合获利能力分	单项资产	
按能否独立存在分	可确指的资产	
按在生产经营过程中的作用分	经济性资产	

（3）资产评估的分类

分类依据	具体类型
按服务对象及对评估服务的要求分	
按是否受限及使用背离条款分	
按评估对象及适用原则分	
按评估时点分	

（4）资产评估的功能

①__________；②__________；③__________；④__________；⑤__________。

（5）资产评估的特点

①__________；②__________；③__________；④__________。

（6）二手车的概念

□用过的车就是二手车　　□车辆已经注册登记之后至到达报废期之前

□二手车的数量大于新车的数量　　□二手车的数量小于新车的数量

□二手车都十分陈旧　　□二手车肯定都有故障或出过事故

（7）二手车鉴定评估概念

指__________设立具有__________的汽车鉴定评估机构和汽车鉴定评估人员，接受国家机关和各类市场主体的委托，按照特定的__________，遵循法定或公允的__________和__________，运用科学的方法，对经济和社会活动中涉及的汽车所进行的__________，并根据鉴定结果对汽车在__________的价值进行评定估算的过程。

二手车鉴定评估既是科学，也是艺术与经验的结合。它不是对评估对象的主观给定，而是把汽车客观实在的价值通过评估活动正确地反映出来。

（8）二手车鉴定评估的8要素

①＿＿主体＿＿；②＿＿＿＿＿＿；③＿＿＿＿＿＿；④＿＿＿＿＿＿；

⑤＿＿＿＿＿＿；⑥＿＿＿＿＿＿；⑦＿＿＿＿＿＿；⑧＿＿＿＿＿＿。

（9）二手车鉴定评估的特点

①＿＿＿＿＿＿＿＿；②＿＿＿＿＿＿＿＿；③＿＿＿＿＿＿＿＿。

引导问题2　二手车市场情况如何？

（1）国外成熟二手车市场情况

A. 评估师有无认证　□有　□无

B. 二手车有无质保　□有　□无

C. 评估完全靠人工　□是　□否

D. 二手车销量情况　□部分国家超过新车销量　□远远小于新车销量

（2）我国二手车市场现状

A. 二手车接受程度：＿＿＿＿＿＿＿＿＿＿＿＿

B. 交易模式：＿＿＿＿＿＿＿＿＿＿＿＿

C. 售后服务：＿＿＿＿＿＿＿＿＿＿＿＿

（3）我国二手车市场存在问题

A. 从业人员素质：＿＿＿＿＿＿＿＿＿＿＿＿

B. 评估规范性：＿＿＿＿＿＿＿＿＿＿＿＿

C. 质保：＿＿＿＿＿＿＿＿＿＿＿＿

D. 监管：＿＿＿＿＿＿＿＿＿＿＿＿

（4）我国二手车市场存在问题的解决途径

A. 从业人员素质：＿＿＿＿＿＿＿＿＿＿＿＿

B. 评估规范性：＿＿＿＿＿＿＿＿＿＿＿＿

C. 质保：________

D. 监管：________

引导问题 3 对二手车评估机构和从业人员有何要求？

（1）对二手车评估机构有何要求

A. 场地：________

B. 设备：________

C. 人员：________

D. 独立性：________

（2）对二手车从业人员有何要求

A. 知识要求：________

B. 技能要求：________

C. 证书要求：________

D. 其他要求：________

二手车从业人员职业道德：遵纪守法、廉洁自律；客观独立、公正科学；诚实守信、规范服务；客户至上、保守秘密；团队合作、锐意进取；操作规范、保证安全。

二、实施与控制（建议学习时间：2学时）

引导问题 4 如何礼貌地接待客户？

礼仪的核心是“尊敬”。

礼仪的原则包括：遵守、自律、自信、敬人、宽容、平等、从俗、真诚、适度、沟通、互动。

（1）学习商务礼仪的作用

□提高个人素质 □有助于建立良好的人际沟通 □维护个人和企业形象

（2）需具备的商务礼仪有哪些？

① 商务礼仪包括：__________、__________、__________。

② 填图完成形态礼仪的各项要求

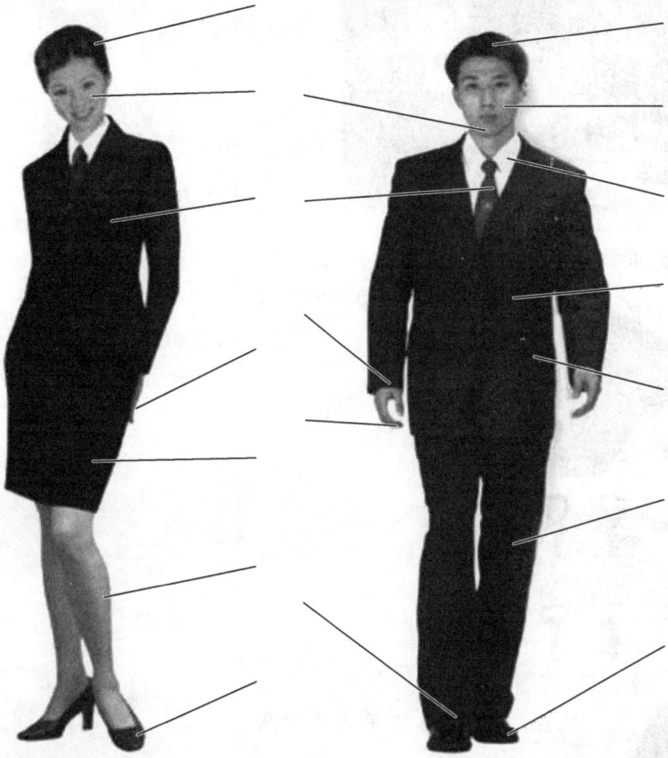

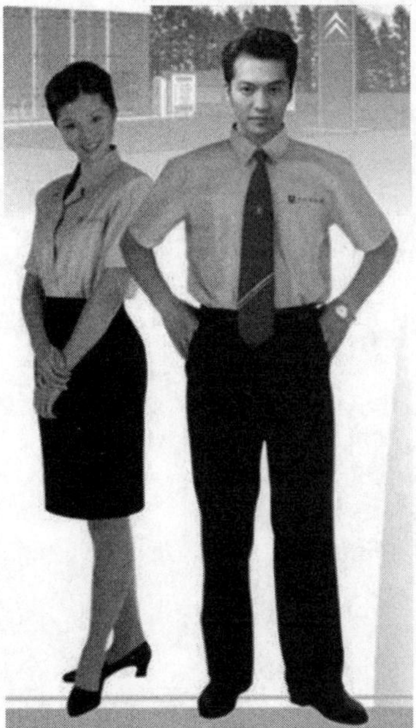

站姿要求：

蹲姿要求：

坐姿总要求：

男职员：

女职员：

③ 服饰礼仪要求

领带打法：

化妆总体要求及步骤：

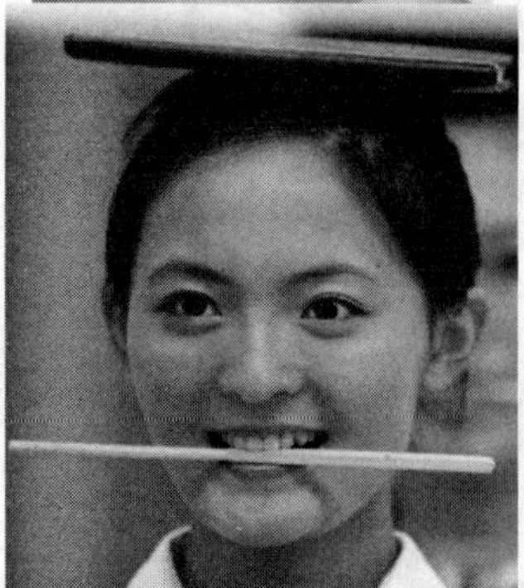

微笑训练方法：

仪容修饰的基本规则：整洁、适度、整体性、适合自己；注意时间、地点、场合。

④ 交谈礼仪

A. 称呼礼仪

对比自己年长者：________________

对比自己年轻者：________________

对与自己年纪相当者：________________

称呼的禁忌：________________

B. 握手礼仪

神态：________________

姿势：________________

手位：________________

力度：________________

时间：________________

C. 眼神要领

注视的时间：________________

注视的角度：________________

注视的部位：________________

注视的方式：________________

D. 交谈距离（连线）

私人距离	1.5~3 m
社交距离	< 0.5 m
礼仪距离	0.5~1.5 m
公众距离	> 3 m

E. 自我介绍注意事项

把握时机：________________

讲究态度：________________

注意用语：________________

注意场合：________________

独特的自我介绍：________________

F. 名片礼仪

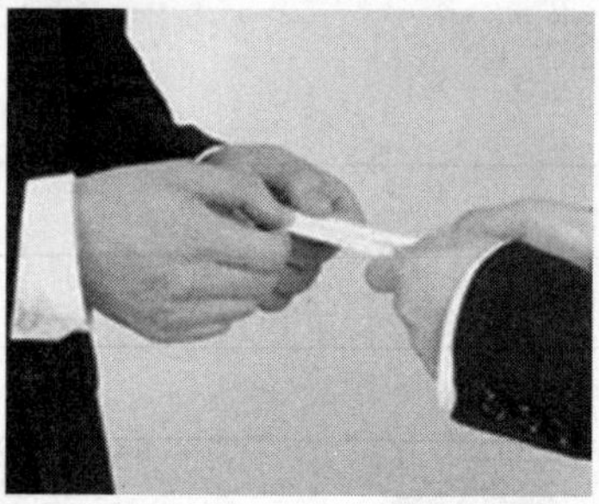

☐递送名片应注意时机

☐应仔细阅读对方名片

☐可将名片放在裤兜内

☐可将名片放在手上把玩

☐可单手接递名片

☐可在名片上用笔记录其他信息

G. 电话礼仪

☐电话铃声一般不超过 3 声即接听

☐打电话应选择适当时间

☐可边打电话边吃东西

☐应让对方先挂断电话

☐电话中途断线应尽快回拨

H. 不良说话习惯及克服

口吃：________________

语速过快：________________

引导问题 5　如何了解客户需求？

（1）需具备的沟通技巧有哪些

沟通的原则（6C）：清晰 clear、简明 concise、准确 correct、完整 complete、有建设性 constructive、礼貌 courteous。

沟通的基本内容（6W）：Why 为什么、Who 什么人、Where 在哪里、When 什么时候、What 什么事、How 如何

（2）评估目的分类（连线）

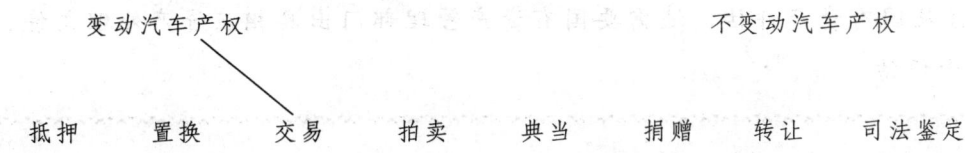

变动汽车产权　　　　　　不变动汽车产权

抵押　置换　交易　拍卖　典当　捐赠　转让　司法鉴定

引导问题 6　接待中客户提出的常见问题有哪些？

（1）评估流程是怎样的

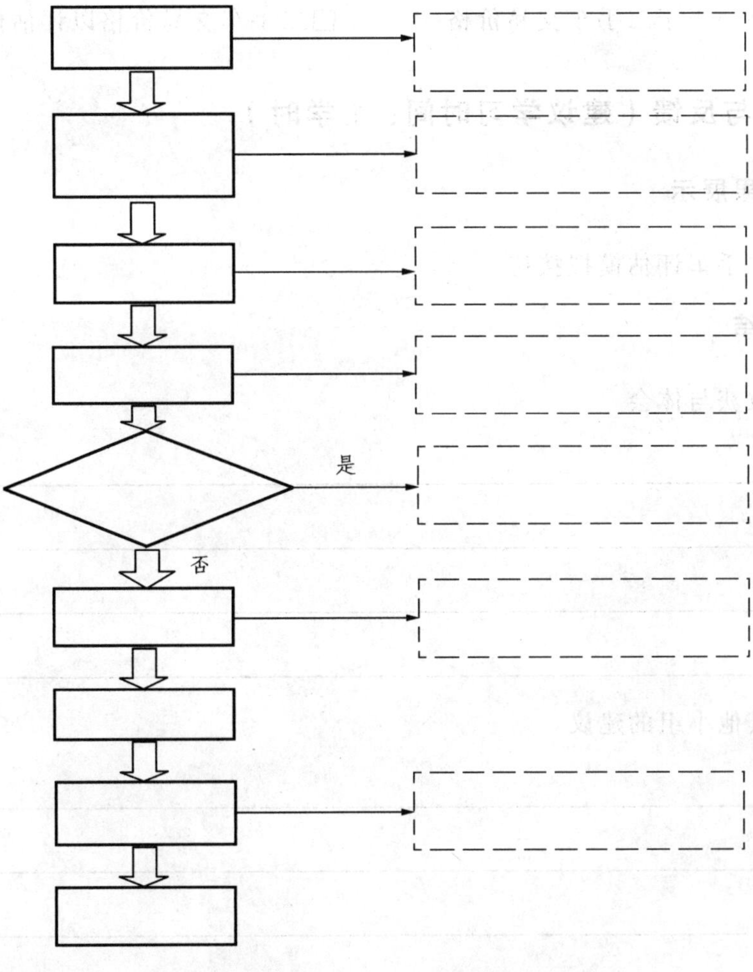

（2）评估需要的相关手续有哪些

①	②
③	④
⑤	⑥
⑦	

涉及国有资产评估，还需要国有资产管理部门出具相应资产处理文件，否则不予评估。

（3）评估价格与二手车交易价格的关系

□评估价格等于二手车交易价格　　□评估价格大于二手车交易价格

□评估价格小于于二手车交易价格　　□二手车交易价格以评估价格为参考

三、评价与反馈（建议学习时间：1学时）

1. 小组成果展示

各组展示二手车评估模拟接待。

2. 任务总结

（1）你的收获与体会

（2）你对其他小组的建议

（3）教师点评

3. 评　分

考核项目	评分标准	分　数	学生自评	小组互评	教师评价	备　注
礼仪	热情	2				
	微笑	2				
	握手	2				
	目光注视正确	2				
	站姿正确	2				
	坐姿正确	2				
礼仪	走姿正确	2				
	着装正确	2				
沟通能力	倾听	2				
	语言流畅	2				
流程介绍	完整，少一个流程扣5分，扣完为止	20				
	准确，一个流程错误扣5分，扣完为止	15				
手续介绍	完整	20				
	准确	15				
课堂纪律	严格遵守	10				
总分		100				

学习情境二　查验车辆

情境描述

小李对王先生的车辆手续进行清点、核查，并判断车辆是否为可交易车辆。

学习目标

通过本学习任务的学习，你应当：

1. 能判定车辆手续真伪及是否有效；
2. 能判定是否是盗抢车；
3. 能判定是否是走私车；
4. 能判定是否是拼装车；
5. 能按要求对被评估车辆拍照。

建议教学时间

4学时。

引导问题

一、任务准备（建议学习时间：2学时）

引导问题1　哪些车辆是不可交易车辆？

《二手车流通管理办法》中规定的九类不能交易车辆

走私车：没有通过国家正常进口渠道进口的，并未完税的进口车辆。

拼装车：违反国家关于汽车生产方面的有关规定，私自拼凑零部件装配的汽车。拼装汽车和改装汽车是两个完全不同的概念。拼装的汽车一般都存在质量差、成本高、大多不符合安全检验及运行技术标准的问题，有的还因装配技术问题造成事故。因此，拼装汽车是国家禁止的一种非法生产汽车的行为。

引导问题 2　《机动车登记规定》是怎样的？

（1）车辆的注册

申领机动车号牌、行驶证的，机动车所有人应当向________________的车辆管理所申请注册登记。机动车所有人应当到________________________________对机动车进行安全技术检验，取得________________________________后申请注册登记。但________________和国务院机动车产品主管部门认定免予安全技术检验的机动车除外。

（2）车辆的变更

已注册登记的机动车有下列情形之一的，机动车所有人应当向登记地车辆管理所申请变更登记：

A. 改变车身颜色的；　B. 机动车所有人的住所迁出或者迁入车辆管理所管辖区域的；

C. ________________________________；D. ________________________________；

E. ________________________________；F. ________________________________；

（3）车辆的转移

已注册登记的机动车所有权发生转移的，现机动车所有人应当自机动车交付之日起________日内向登记地车辆管理所申请转移登记。机动车所有人申请转移登记前，应当将________________和________________处理完毕。

（4）车辆的抵押

机动车所有人将机动车作为抵押物抵押的，应当向________________车辆管理所申请抵押登记。

（5）车辆的注销

已达到国家强制报废标准的机动车，机动车所有人向机动车回收企业交售机动车时，应当填写申请表，提交____________、____________和____________。

引导问题 3　《机动车报废标准》是怎样的？

（1）强制报废的条件

①________________________________

②________________________________

③________________________________

④________________________________

（2）各类车辆使用年限

车辆类型	可使用年限
出租客运汽车	
租赁载客汽车	
教练载客汽车	
公交客运汽车	
专用校车	
大、中型非营运载客汽车	
专项作业车	
摩托车	
	无使用年限限制

（3）引导报废与强制报废的区别

①______________________________

②______________________________

二、实施与控制（建议学习时间：2学时）

引导问题4　如何判断车辆是不可交易车辆？

（1）查验手续真伪

手续名称	主要识伪方法
号牌	
行驶证	
VIN码篡改痕迹	
登记证书	

VIN代码是车辆识别代码，是车辆的身份证。VIN代码有17位，由数字（0～9）和字母（除I、O、Q）组成。共分为3个部分，其中第10位代表车型年款。欧洲进口车的VIN代码年代位（第10位）和工厂位（第11位）不是强制的。

（2）查验车辆合法性

非法车辆类型	主要查验方法
走私车	
拼装车	
盗抢车	

引导问题5　如何进行车辆拍照？

（1）拍照的基本要求

全车照：______________________________

VIN 代码照：________________

受损部位细部照：________________

（2）距离、角度、光线对拍照的影响

距离过远：________________

距离过近：________________

角度：________________

闪光灯的使用：________________

三、评价与反馈（建议学习时间：2 学时）

1. 小组成果展示

说明该车辆是否是可交易车辆并展示照片。

2. 任务总结

（1）你的收获与体会

____

____

____

（2）你对其他小组的建议

____

____

____

（3）教师点评

____

____

____

3. 评　分

考核项目	评分标准	分数	学生自评	小组互评	教师评价	备注
列举9种不可交易车辆	正确说出9种/8种/7种	10/8/6				
机动车报废标准	正确说出出租客运汽车报废年限	5				
	正确说出租赁载客汽车报废年限	5				
	正确说出教练载客汽车报废年限	5				
	正确说出大、中型非营运载客汽车报废年限	5				
	正确说出无报废年限限制车辆类型	10				
辨别手续真伪	正确说出牌照辨别方法	10				
	正确说出VIN辨别方法	10				
	正确说出行驶证辨别方法	10				
	正确说出登记证书辨别方法	10				
车辆拍照	正确描述拍照步骤	5				
	正确描述拍照影响因素	5				
课堂纪律	严格遵守	10				
总分		100				

学习情境三　签订委托书

情境描述

经检查判断，王先生的车属于可交易车辆，小李与王先生签订评估委托书，并安排评估师小刘对车辆进行下一步评估。

学习目标

通过本学习任务的学习，你应当：

1. 能就委托书的内容对客户进行解释；
2. 能与客户正确签订委托书；
3. 能正确拟定评估计划。

建议教学时间

2 学时。

引导问题

一、任务准备（建议学习时间：0.5 学时）

引导问题 1　什么是合同？

（1）合同的概念

合同又称＿＿＿＿＿＿。是指平等主体的＿＿＿＿＿＿、＿＿＿＿＿＿、＿＿＿＿＿＿之间设立、＿＿＿＿＿＿＿＿、＿＿＿＿＿＿＿＿民事权利义务关系的协议。

（2）合同的订立条件（选择）

自然人订立合同应具备的条件：(　　　　　　　　　　);
法人订立合同应具备的条件：(　　　　　　　　　　);
其他组织订立合同应具备的条件：(　　　　　　　　　　)。

A. 依法成立
B. 具有民事权利能力和民事行为能力
C. 具有与其行为能力相适应的履行合同的能力

（3）合同的效力

□一般来说，合同成立时间不等于合同生效时间；

□法律、法规规定应当办理批准、登记手续的合同，合同生效时间为办理完毕批准、登记手续的时间；

□附条件的合同，合同生效的时间为条件成就时间。

> 合同生效的条件：当事人在订立合同时必须具有相应的民事行为能力；合同当事人的意思表示真实；合同内容不违反法律或者社会公共利益；合同标的须确定和可能。

（4）什么是格式条款

指当事人为了__________使用而__________拟定，并在订立合同时__________与对方协商的条款。用格式条款签订的合同即为__________合同。

（5）合同的变更和解除

以下3种情况下合同可以变更或解除：当事人双方经__________，并且不因此损害__________利益和__________利益；由于__________致使合同的全部义务不能履行；由于__________在合同约定的期限内没有履行合同。

（6）合同纠纷的处理方式

A.__________；B.__________；

C.__________；D.__________。

二、实施与控制（建议学习时间：1学时）

引导问题2 二手车鉴定评估委托合同如何签订？

（1）二手车鉴定评估委托合同的概念

二手车鉴定评估委托合同是指__________与__________之间，就有关__________相关事项，设立、__________、__________民事权利义务关系的协议。

（2）二手车鉴定评估委托合同的内容

二手车鉴定评估委托书

委托书编号：______________

委托方名称（姓名）： 法人代码证（身份证）号：
鉴定评估机构名称： 法人代码证：
委托方地址： 鉴定评估机构地址：
联系人： 电话：

因 □交易 □典当 □拍卖 □置换 □抵押 □担保 □咨询 □司法裁决需要，委托人与受托人达成委托关系，号牌号码为______________，车辆类型为______________，车架号（VIN码）为__________的车辆进行技术状况鉴定并出具评估报告书，______年_____月______日前完成。

委托评估车辆基本信息

车辆情况	厂牌型号			使用用途	营运 □ 非营运 □
	总质量/座位/排量			燃料种类	
	初次登记日期	年 月 日		车身颜色	
	已使用年限	年 个月	累计行驶里程（万公里）		
	大修次数	发动机（次）		整车（次）	
	维修情况				
	事故情况				
价值反映	购置日期	年 月 日		原始价格（元）	
备注：					

委托方：（签字、盖章） 受托方：（签字、盖章）

（二手车鉴定评估机构盖章）

年 月 日 年 月 日

1. 委托方保证所提供的资料客观真实，并负法律责任。
2. 仅对车辆进行鉴定评估。
3. 评估依据：《机动车运行安全技术条件》、《二手车鉴定评估技术规范》等。
4. 评估结论仅对本次委托有效，不做它用。
5. 鉴定评估人员与有关当事人没有利害关系。
6. 委托方如对评估结论有异议，可于收到《二手车鉴定评估报告》之日起10日内向受托方提出，受托方应给予解释。

引导问题 3　评估计划如何拟定?

（1）哪些情况下需要拟定评估计划

□所有评估都需要拟定评估计划　　□评估的车辆数量众多

□评估的车型车况复杂　　□评估的车型罕见

（2）评估计划的内容

□人员　　□分工　　□阶段任务　　□阶段完成的时间

三、评价与反馈（建议学习时间：0.5 学时）

1. 小组成果展示

分组展示二手车鉴定评估委托书及评估计划。

2. 任务总结

（1）你的收获与体会

____

____

____

____

（2）你对其他小组的建议

____

____

____

____

（3）教师点评

____

____

____

3. 评　分

考核项目	评分标准	分数	学生自评	小组互评	教师评价	备注
合同的基本知识	正确说出合同的概念	5				
	正确描述合同的订立条件	5				
	正确描述合同的履行	5				
	正确描述合同的变更和解除	5				
	正确描述格式条款	5				
	正确描述合同的效力	5				
	正确描述合同违约	5				
二手车鉴定评估委托合同	正确说出二手车鉴定评估委托合同的甲乙方	5				
	正确说出二手车鉴定评估委托合同内容，少一项扣2分	20				
评估计划拟定	正确说出哪些情况下需要拟定评估计划，少一项扣2分	10				
	正确说出评估计划内容，少一项扣2分	20				
课堂纪律	严格遵守	10				
总分		100				

学习情境四　登记基本信息

情境描述

小刘根据王先生的车辆及手续进行基本信息登记。

学习目标

通过本学习任务的学习，你应当：

1. 熟悉二手车信息表内容；
2. 能正确填写相关信息。

建议教学时间

2 学时。

引导问题

一、任务准备（建议学习时间：0.5 学时）

引导问题 1　车辆基本信息包括哪些？

（1）厂牌型号

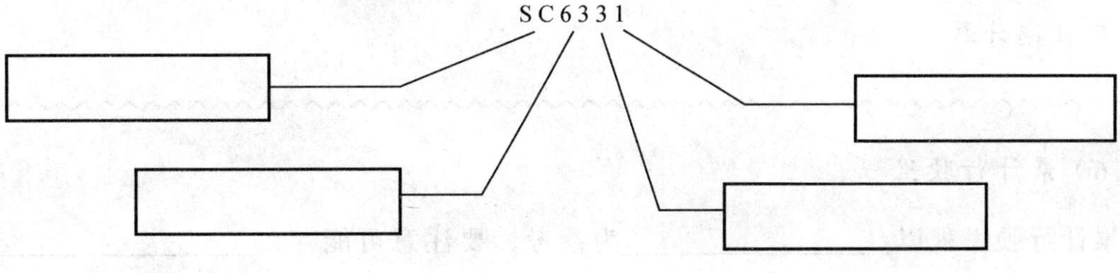

在我国，汽车按用途分为8类：载货汽车、越野汽车、自卸汽车、牵引车、专用汽车、客车、轿车、半挂车。

（2）使用用途

① 营运：______________________________；

② 非营运：______________________________。

（3）总质量/座位/排量

（4）燃料种类及车身颜色

① 燃料种类：汽油、柴油……______________________________；

② 以______________________颜色为准。

（5）初次登记日期及已使用年限

初次登记日期以__________________________为准；

已使用年限从______________开始，至__________________为止。

车辆自出厂之日起，超过2年未办理注册登记手续的，其初次登记日期按出厂日期计算。

（6）累计行驶里程

累计行驶里程以______________为参考，要注意可能存在______________的情况。

（7）大修次数、维修及事故情况

大修次数、维修及事故情况以____________________为参考，要注意可能存在瞒报的情况。

汽车大修：对汽车进行的全面恢复性修理。主要包括：整车大修、发动机大修及车身大修 3 类。大修的后的汽车性能不可能完全恢复到新车水平。因此，汽车大修次数过多，在技术上和经济上是不合理的。

（8）购置日期及价格

购置日期及价格主要以____________________为依据，若没有依据的，需要进行__________。

二、实施与控制（建议学习时间：1 学时）

引导问题 2　如何正确填写车辆基本信息？

<table>
<tr><td rowspan="7">车辆情况</td><td colspan="2">厂牌型号</td><td colspan="2"></td><td>使用用途</td><td>营运 □
非营运 □</td></tr>
<tr><td colspan="2">总质量/座位/排量</td><td colspan="2"></td><td>燃料种类</td><td></td></tr>
<tr><td colspan="2">初次登记日期</td><td colspan="2">年　月　日</td><td>车身颜色</td><td></td></tr>
<tr><td colspan="2">已使用年限</td><td>年　个月</td><td colspan="2">累计行驶里程（万公里）</td><td></td></tr>
<tr><td colspan="2">大修次数</td><td>发动机（次）</td><td></td><td>整车（次）</td><td></td></tr>
<tr><td colspan="2">维修情况</td><td colspan="4"></td></tr>
<tr><td colspan="2">事故情况</td><td colspan="4"></td></tr>
<tr><td colspan="2">价值反映</td><td>购置日期</td><td colspan="2">年　月　日</td><td>原始价格（元）</td><td></td></tr>
<tr><td colspan="7">备注：</td></tr>
</table>

（1）登记证书上可获得的信息有哪些

______

______

______

（2）车辆上可获得的信息有哪些

______

______

______

（3）发票上可获取的信息有哪些

______

______

______

三、评价与反馈（建议学习时间：0.5 学时）

1. 小组成果展示

分组展示填写好的车辆基本信息。

2. 任务总结

（1）你的收获与体会

______

______

______

（2）你对其他小组的建议

______

______

______

（3）教师点评

____

____

____

3. 评　分

考核项目	评分标准	分　数	学生自评	小组互评	教师评价	备　注
需要登记的车辆的基本信息有哪些	正确描述有哪些信息，少一项扣2分	20				
如何获取车辆基本信息	正确说出哪些信息可从登记证书上获得，少一项扣2分	20				
如何获取车辆基本信息	正确说出哪些信息可从车辆上获得，少一项扣2分	20				
正确填写信息表	表格填写完整，漏一项扣2分	10				
	信息填写正确，错一项扣2分	20				
课堂纪律	严格遵守	10				
总分		100				

学习情境五　判别事故车

情境描述

将客户王先生的两厢波罗车（POLO 2007 款 劲情 1.4L 自动风尚版）车辆信息登记后，小刘对车辆进行检查，判定是否属于事故车。

学习目标

通过本学习任务的学习，你应当：

1. 能正确界定事故车；
2. 能正确描述事故车对车辆性能的影响；
3. 能判断事故车的类型；
4. 能正确判断事故部位及状态；
5. 能用代码正确表示事故部位及状态。

建议教学时间

10 学时。

引导问题

一、任务准备（建议学习时间：3 学时）

引导问题 1　什么是事故车？

（1）事故车的概念

事故车是经过______________撞击、______________、______________等，即使修复但仍存在安全隐患的车辆总称。

（2）因碰撞导致的事故车种类（按发生概率从大到小排序）

侧面碰撞　　前部碰撞　　后部碰撞　　翻滚

____

____

（3）事故车的碰撞损伤分析

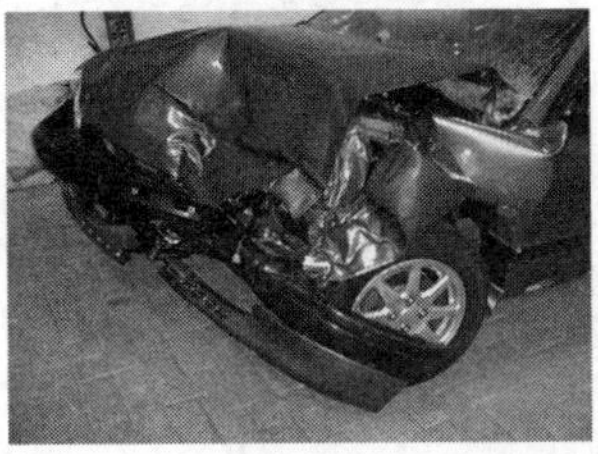

一次损伤①________；②________；③________。

二次损伤________________________。

引导问题 2　事故车碰撞后的钣金维修方法？

（1）车身部件组成

① 填图。

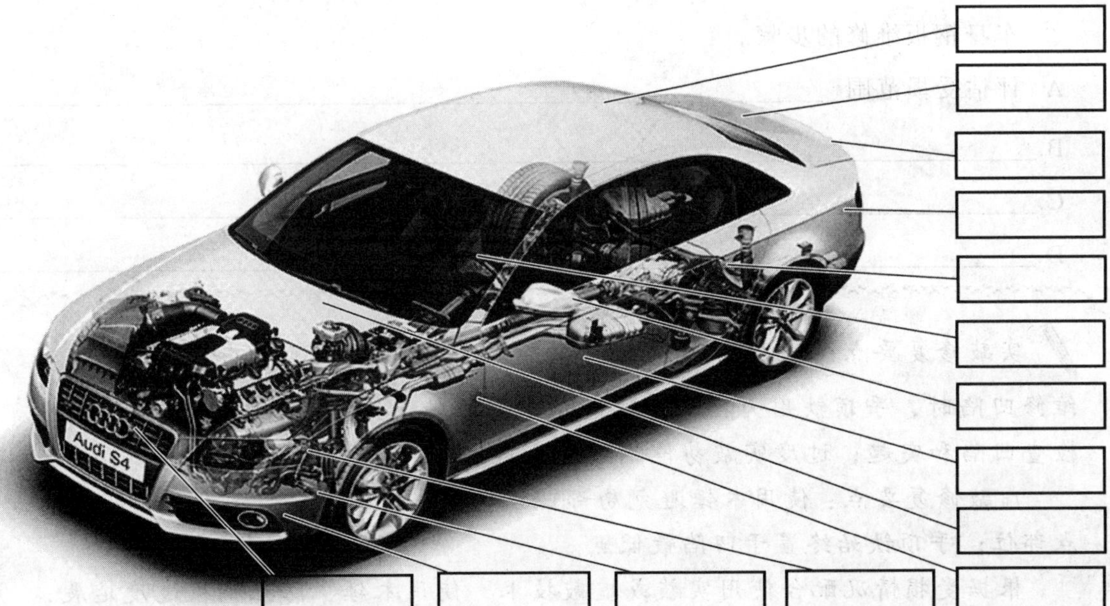

② 车身部件及附属设备按区域填表。

车身前部	部件	
	附属设备	
车身中部	部件	
	附属设备	
车身后部	部件	
	附属设备	

（2）事故车钢板维修

① 填图完成碰撞受损车辆钢板维修方法。

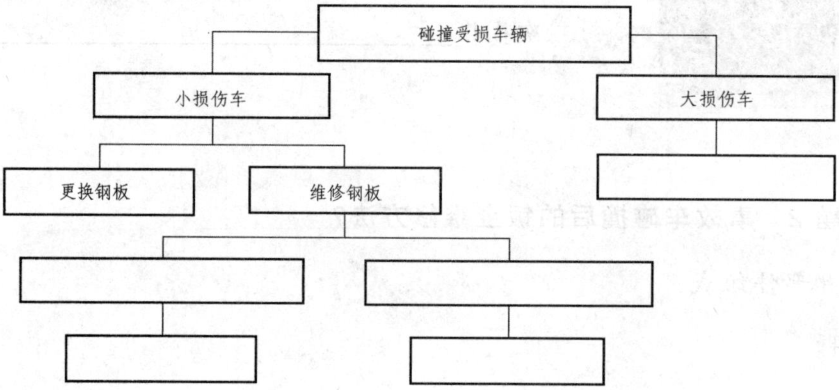

② 车身钢板维修的步骤。

A. 评估受损范围＿＿＿＿＿＿＿＿＿＿＿＿＿＿＿＿

B.＿＿＿＿＿＿＿＿＿＿＿＿＿＿＿＿＿＿＿＿＿＿

C.＿＿＿＿＿＿＿＿＿＿＿＿＿＿＿＿＿＿＿＿＿＿

D.＿＿＿＿＿＿＿＿＿＿＿＿＿＿＿＿＿＿＿＿＿＿

实敲修复要点：通过敲击声判断手顶铁的位置；木锤可限制钢板过度延展；维修凹陷时，手顶铁用力按压；维修突起时，使其刚好支撑钢板即可；随时检查凹陷和突起；过度实敲易使钢板发生延展。

虚敲修复要点：使用木锤避免局部凹陷；用手顶铁推出凹陷，手锤敲下高点部位；手顶铁始终置于凹陷最低点。

根据受损情况配合使用实敲或虚敲技术，使用木锤，防止钢板过度延展；木锤无法维修的变形，使用其他手锤敲修。

(3) 事故车车身焊接

① 填图完成焊接的种类。

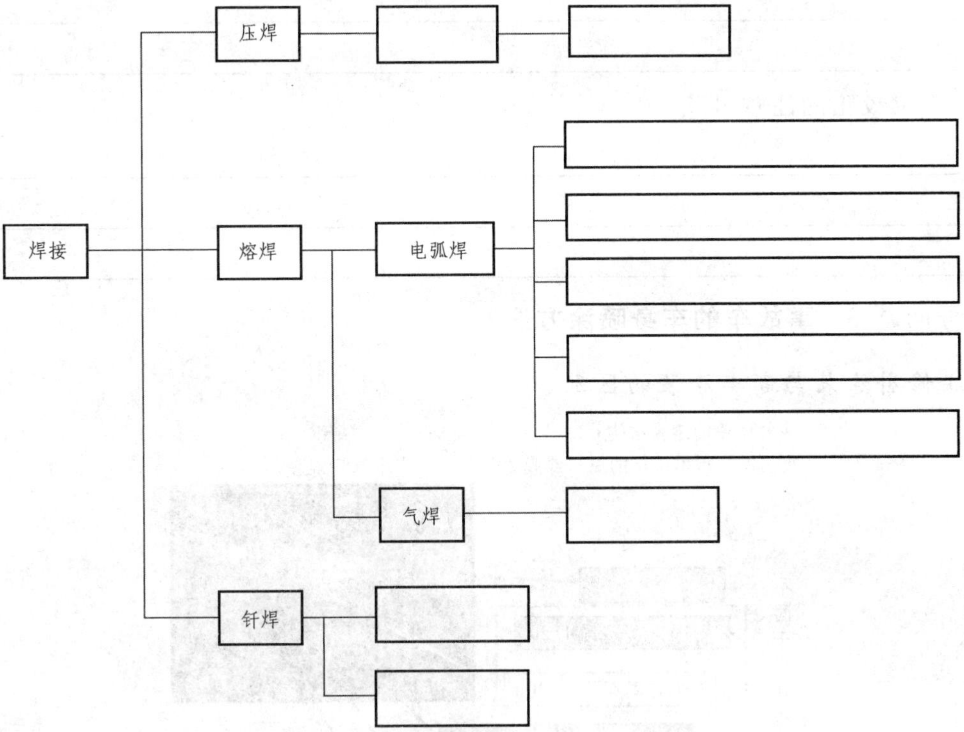

② 简述二氧化碳气体保护焊的焊接流程。

____

____

③ 简述点焊的焊接流程。

____

____

(4) 事故车大梁校正

① 大梁校正的方法。

____

____

____

② 简述大梁校正的流程。

③ 大梁校正的注意事项。

引导问题 3　事故车的车身喷涂方法？

（1）修补涂装与新车涂装的区别

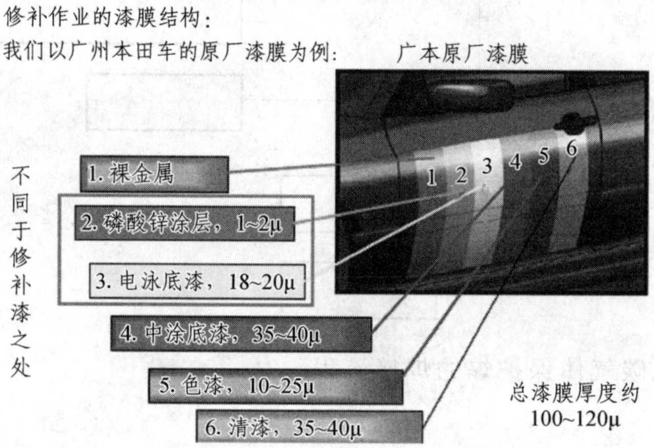

① 新车涂装的特点。

② 修补涂装的特点。

③ 新车与修补的区别。

（2）事故车车身板件喷涂方法

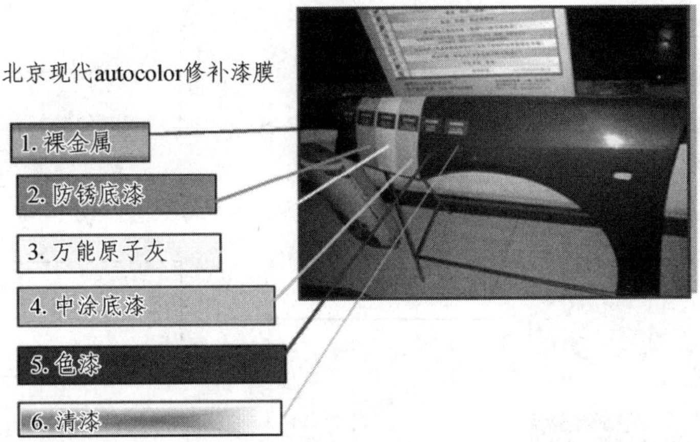

① 事故车修补涂装的材料。

____

____

____

② 事故车修补涂装的流程。

____

____

____

③ 事故车修补涂装的注意事项。

____

____

____

（3）事故车喷涂作业后的缺陷

① 缺陷产生的原因。

____

____

____

② 车身漆面的缺陷种类。

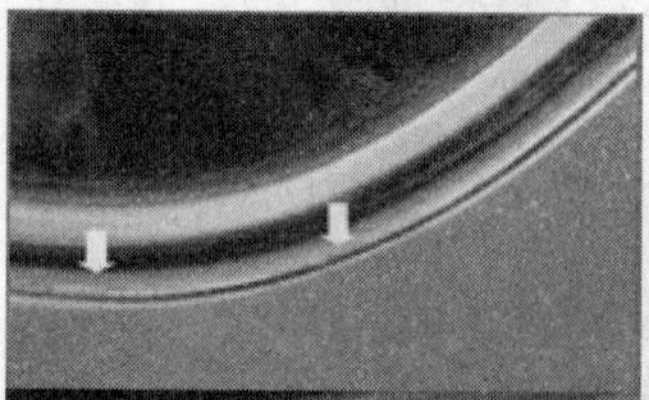

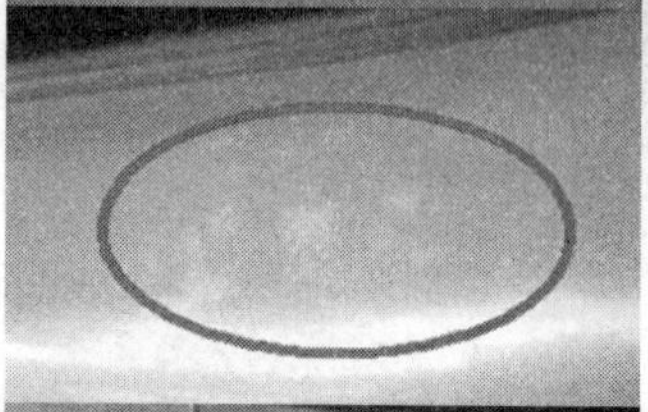

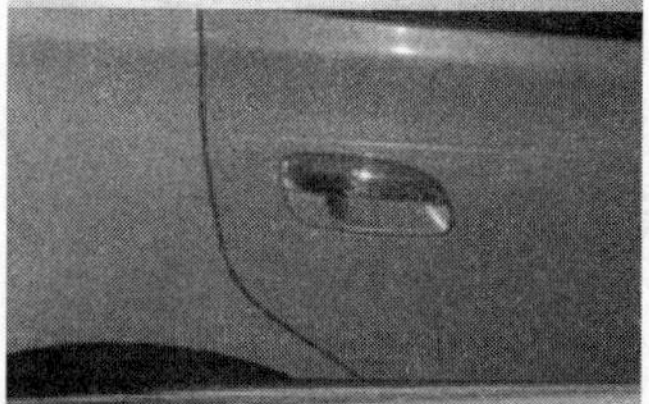

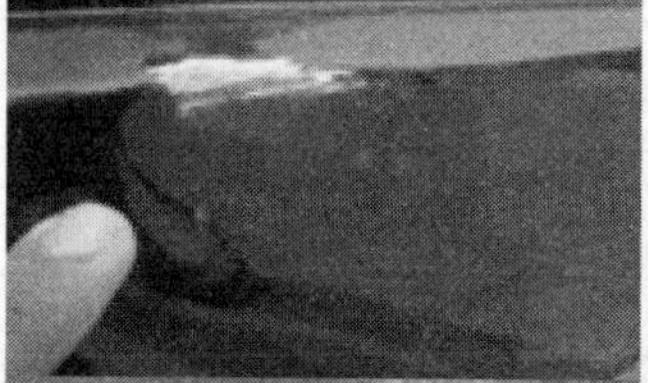

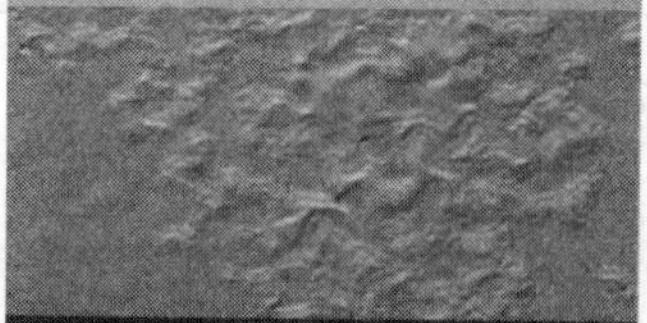

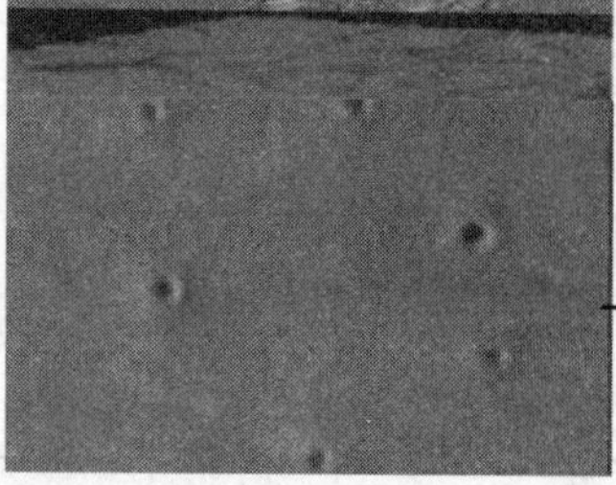

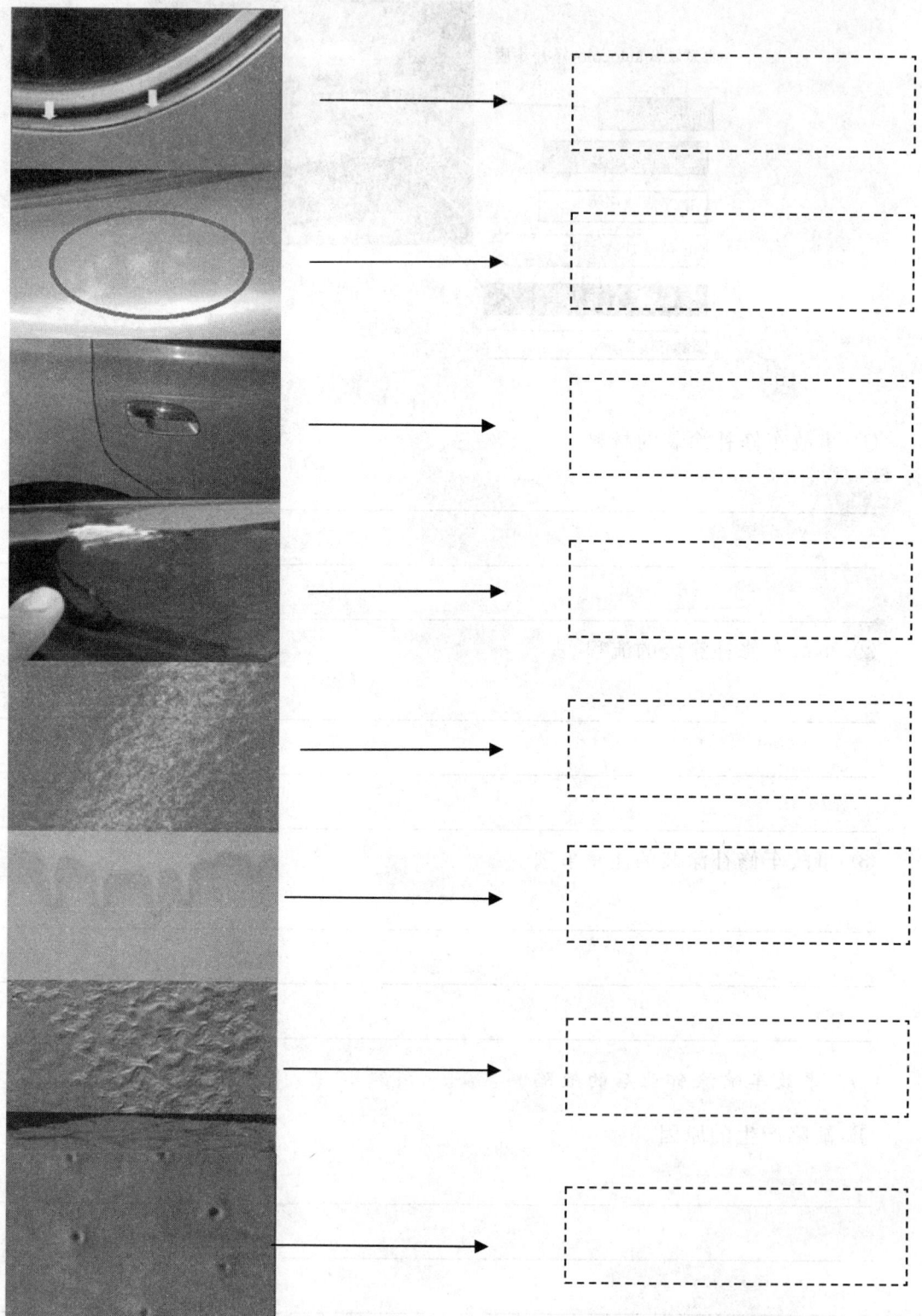

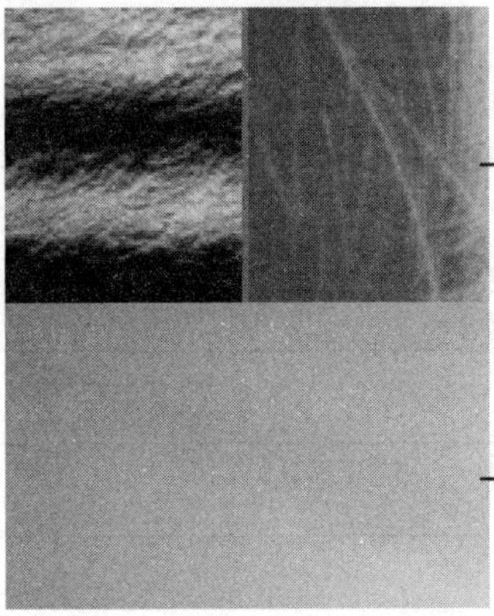

二、实施与控制（建议学习时间：4 学时）

引导问题 4　如何判断车辆是否为事故车？

（1）车辆周正检查

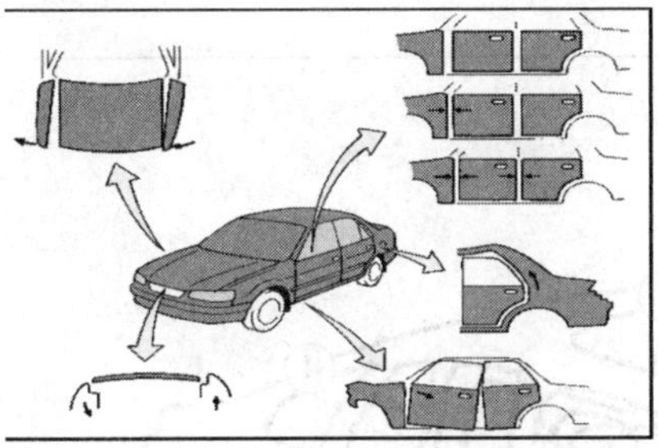

（2）车身骨架检查

① 检查事故车前部骨架。

前纵梁检查：

前横梁检查：

前翼子板骨架检查：

前围板检查：

前龙门架检查：

② 检查事故车中部骨架。

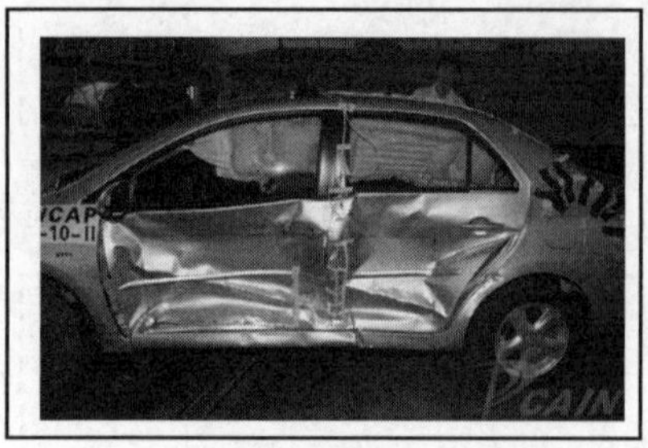

前立柱检查：

中立柱检查：

后立柱检查：

门槛检查：

车底板检查：

③ 检查事故车后部骨架。

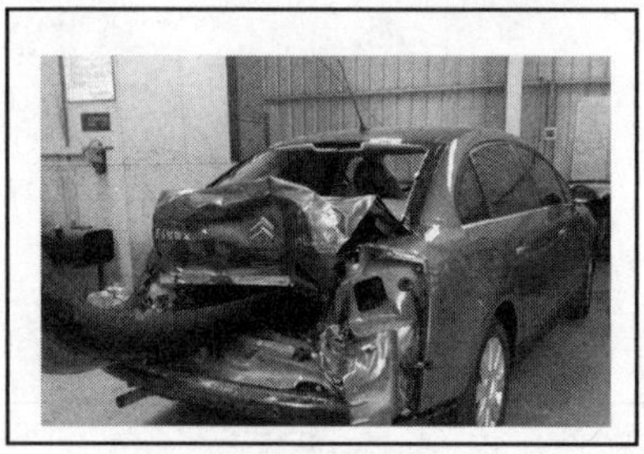

后纵梁检查：

后围板检查：

后横梁检查：

后车身底板检查：

后挡板检查：

（3）缺陷描述

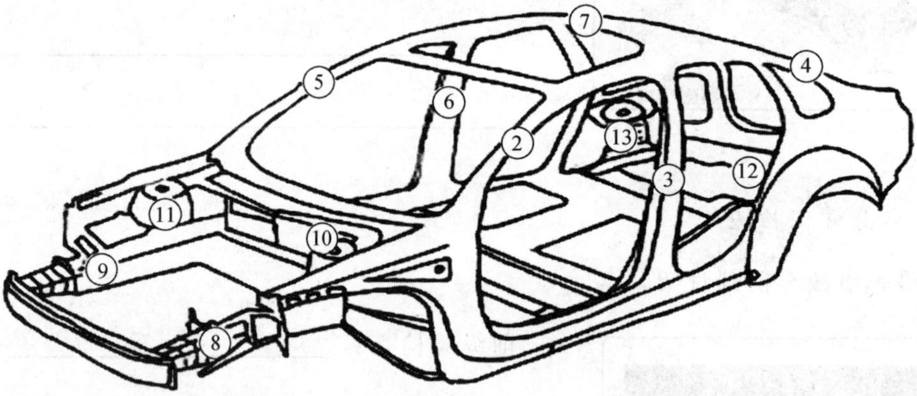

②—左 A 柱；③—左 B 柱；④—左 C 柱；⑤—右 A 柱；⑥—右 B 柱；⑦—右 C 柱；
⑧—左纵梁；⑨—右纵梁；⑩—左减振器悬挂部位；⑪—右减振器悬挂部位；
⑫—左后减振器悬挂部位；⑬—右后减振器悬挂部位

车体状态缺陷描述方法：车身部位+状态。如 4SH，即左 C 柱有烧焊痕迹。

车体骨架检查项目

<table>
<tr><td colspan="3">车体左右对称性</td><td colspan="3"></td></tr>
<tr><td colspan="3">左 A 柱</td><td colspan="3">左前纵梁</td></tr>
<tr><td colspan="3">左 B 柱</td><td colspan="3">右前纵梁</td></tr>
<tr><td colspan="3">左 C 柱</td><td colspan="3">左前减振器悬挂部位</td></tr>
<tr><td colspan="3">右 A 柱</td><td colspan="3">右前减振器悬挂部位</td></tr>
<tr><td colspan="3">右 B 柱</td><td colspan="3">左后减振器悬挂部位</td></tr>
<tr><td colspan="3">右 C 柱</td><td colspan="3">右后减振器悬挂部位</td></tr>
<tr><td>代码</td><td>BX</td><td>NQ</td><td>GH</td><td>SH</td><td>ZZ</td></tr>
<tr><td>描述</td><td>变形</td><td>扭曲</td><td>更换</td><td>烧焊</td><td>褶皱</td></tr>
<tr><td>缺陷描述</td><td colspan="5"></td></tr>
<tr><td colspan="3">事故判定</td><td colspan="3">□事故车　□正常车</td></tr>
</table>

三、评价与反馈（建议学习时间：1 学时）

1. 小组实操练习

各组评估二手车是否为事故车。

2. 任务总结

（1）你的收获与体会

____

____

____

（2）你对其他小组的建议

____

____

____

（3）教师点评

____

____

____

3. 评　分

考核项目	评分标准	分数	学生自评	小组互评	教师评价	备　注
车身结构认识	优	9				
	良	6				
	差	3				
车身钢板维修检查	优	9				
	良	6				
	差	3				
车身焊接检查	优	9				
	良	6				
	差	3				
车身大梁检查	优	9				
	良	6				
	差	3				
汽车涂装的缺陷检查	优	9				
	良	6				
	差	3				
是否为事故车	准确	5				
课堂纪律	严格遵守	5				
总分		100				

学习情境六　鉴定技术状况

情境描述

经检查，该车不属于事故车，接下来小刘对车辆各部分进行技术状况鉴定，并评定技术等级。

学习目标

通过本学习任务的学习，你应当：

1. 能描述静态检查、动态检查、仪器检查内容；
2. 能识别发动机、底盘、车身、电器等各部分零部件；
3. 能正确描述各零部件功能及基本工作原理；
4. 能正确判定各零部件技术状况；
5. 能对各部分技术状况进行正确描述及打分；
6. 能正确评定车辆技术等级。

建议教学时间

28 学时。

引导问题

一、任务准备（建议学习时间：1 学时）

引导问题 1　技术鉴定的类型？

（1）静态检查主要内容

□漆面　□底盘　□仪表　□VIN　□发动机舱

□车辆跑偏　　　　□车身周正　　　　□车舱内饰

（2）动态检查主要内容

□最高车速　　□最大爬坡度　　□操纵稳定性

□排放性　　□制动性　　□舒适性

□行驶安全性　　□使用可靠性

（3）仪器检查主要内容

□最大功率　　□百公里油耗　　□制动时间及距离　　□侧滑偏移量

□四轮定位　　□车轮动平衡　　□前照灯位置及发光强度　　□排气污染物

仪器检查在日常的简单评估中一般可省略，但涉及司法鉴定时为获得准确数据，则必须采用。

引导问题 2　汽车发动机的类型、组成和工作原理？

（1）车辆识别代码（VIN）和汽车产品型号编制规则

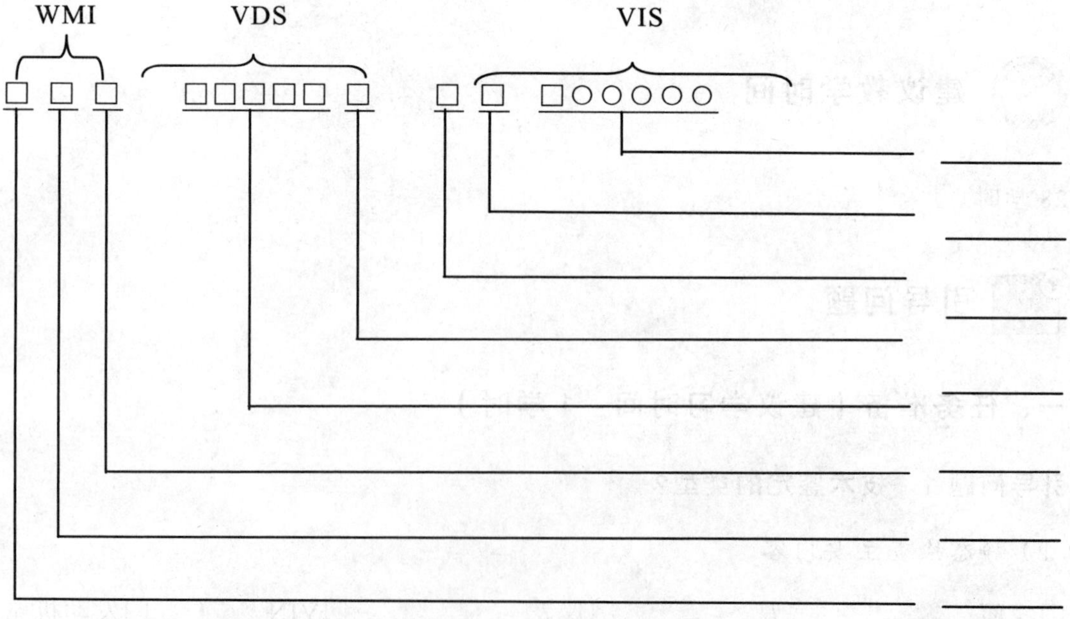

（2）汽车发动机的类型和工作原理

① 类型。

分类依据	类　型
按气缸排列方式	
按冷却方式	
按进气方式	
按气缸数	
按冲程数	
按燃料种类	

② 工作原理（以四冲程发动机为例）。

A. 进气行程：________________

B. 压缩行程：________________

C. 做功行程：________________

D. 排气行程：________________

（3）曲柄连杆机构作用、组成、结构

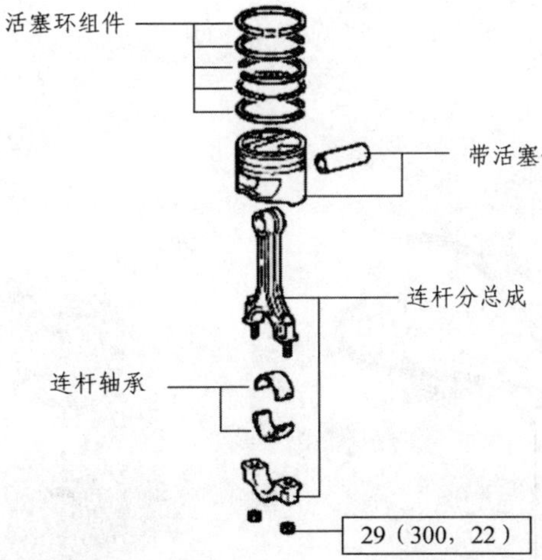

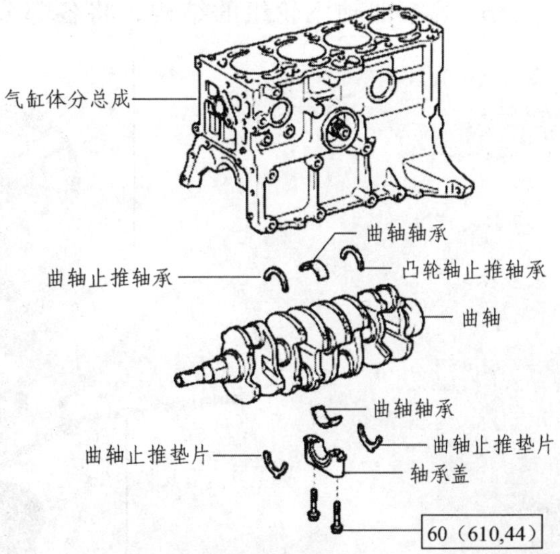

① 曲柄连杆机构作用：________________。

② 曲柄连杆机构由______________、______________和______________三部分组成。

③ 请按照发动机工作时的动力传递路线，排列出以下零件的先后顺序。

A. 曲轴；B. 飞轮；C. 活塞；D. 活塞销；E. 连杆；F. 连杆轴瓦；G. 曲轴轴瓦

__________→__________→__________→__________→__________→__________→__________

④ 参照左图写出活塞环各组件名称。

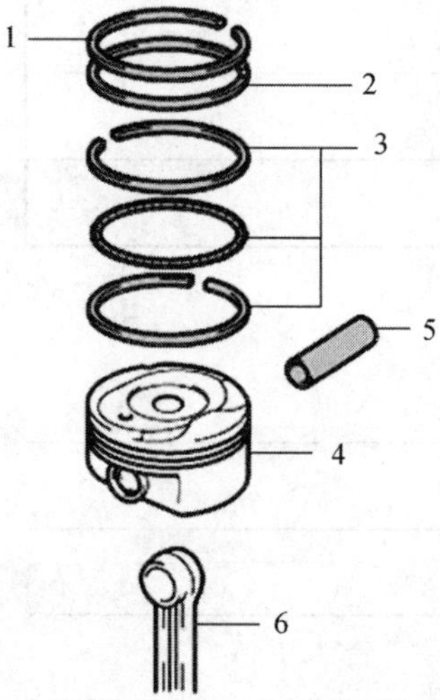

编号	名称	作用
1		
2		
3		
4		
5		
6		

⑤ 观察曲轴飞轮组的结构，将各部分的名称填在表中。

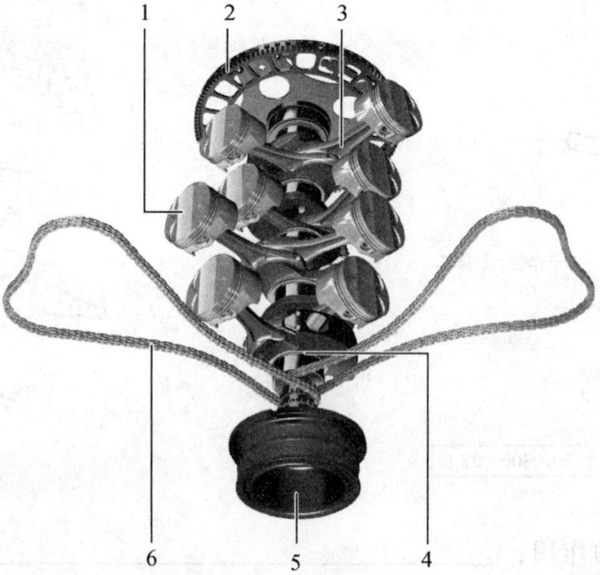

编号	名称
1	
2	
3	
4	
5	扭转减振器
6	

⑥ 曲轴的主要功用是把____________传来的气体压力转变为转矩并对外输出；另外，还用来驱动发动机的__________机构和其他各种辅助装置，如发电机、__________、______________、水泵、平衡轴等。

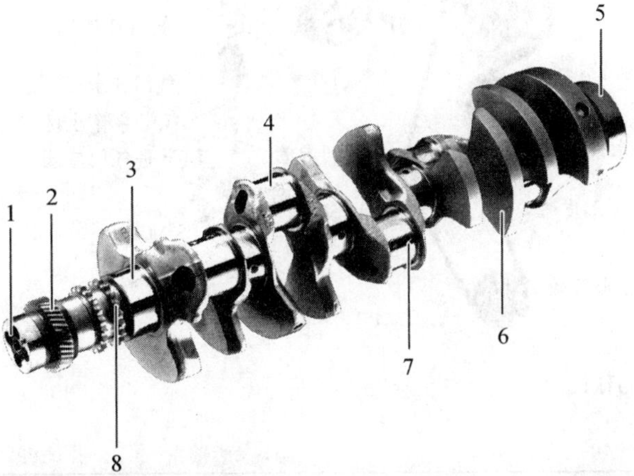

编号	名称
1	扭转减振器的固定装置
2	用于驱动油泵的齿轮
3	
4	
5	
6	
7	油孔
8	

曲轴的基本组成包括前端轴、________、________、________、________和后端凸缘等。

扭转减振器的功能是____。

飞轮的主要功用是____。

飞轮与曲轴装配后应进行动平衡，否则，在旋转时质量不平衡而产生的离心力，将引起________________________________。

（4）配气机构的作用、组成、结构

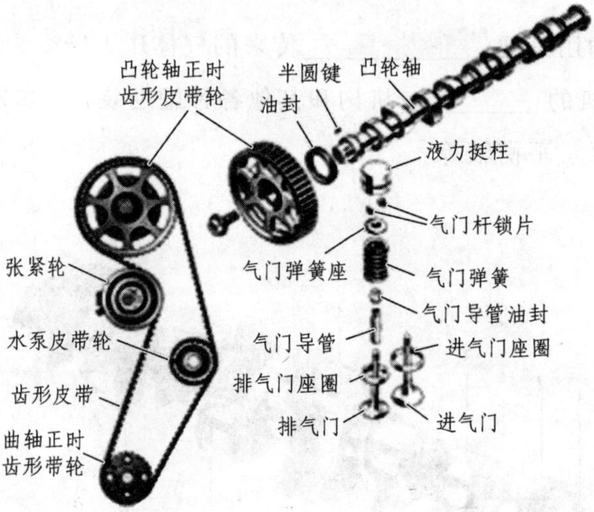

① 配气机构的作用：

____

____

____

② 配气机构的组成：

A. 气门组

____

____

B. 气门传动组

____

____

（5）汽油机电控燃油供给系统类型、组成、原理

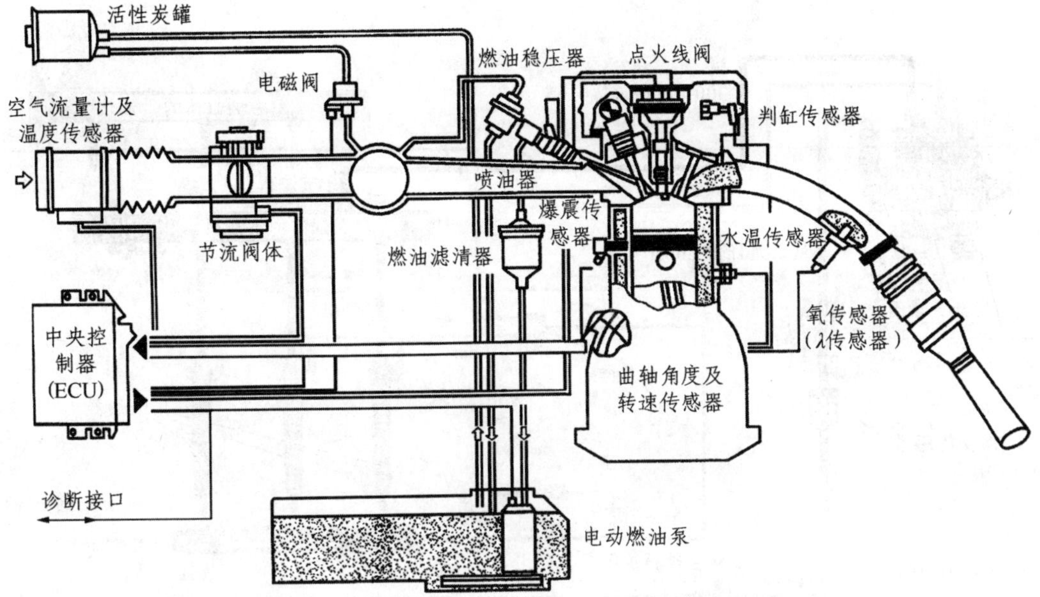

① 汽油机电控燃油供给系统类型：

② 汽油机电控燃油供给系统组成：

③ 汽油机电控燃油供给系统工作原理：

（6）柴油机共轨燃油系统的作用、组成、原理

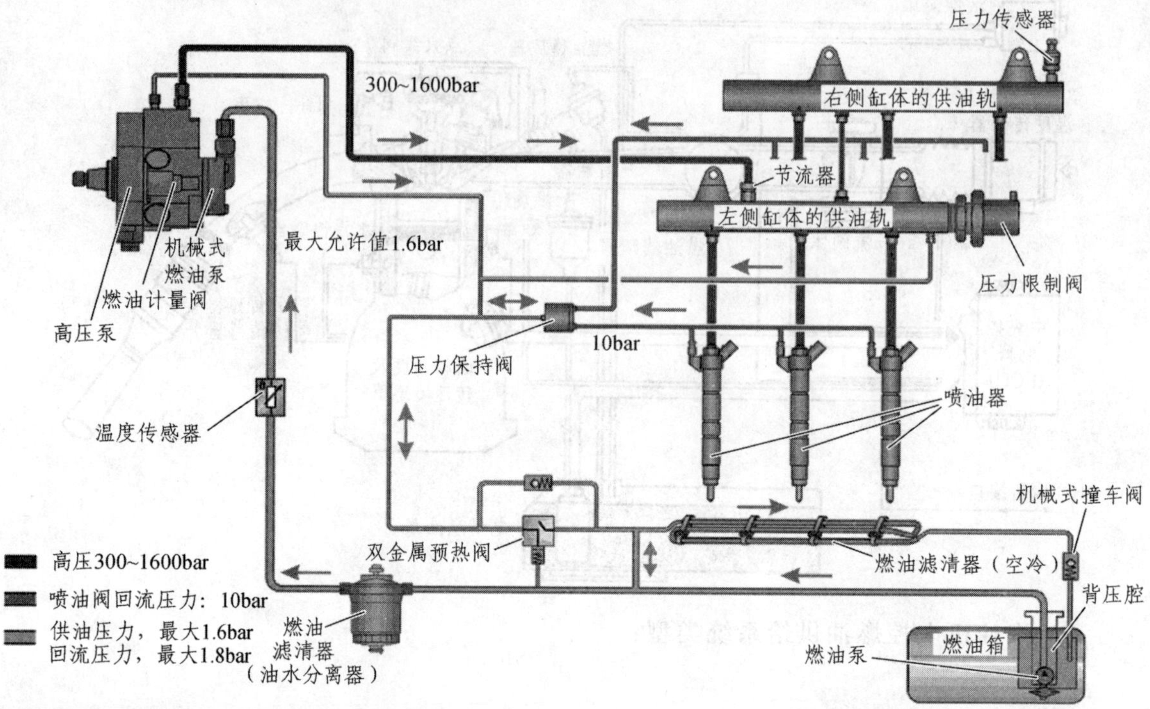

① 柴油机共轨燃油系统的作用：

② 柴油机共轨燃油系统的组成：

③ 柴油机共轨燃油系统的工作原理：

（7）润滑系统的作用、组成、结构

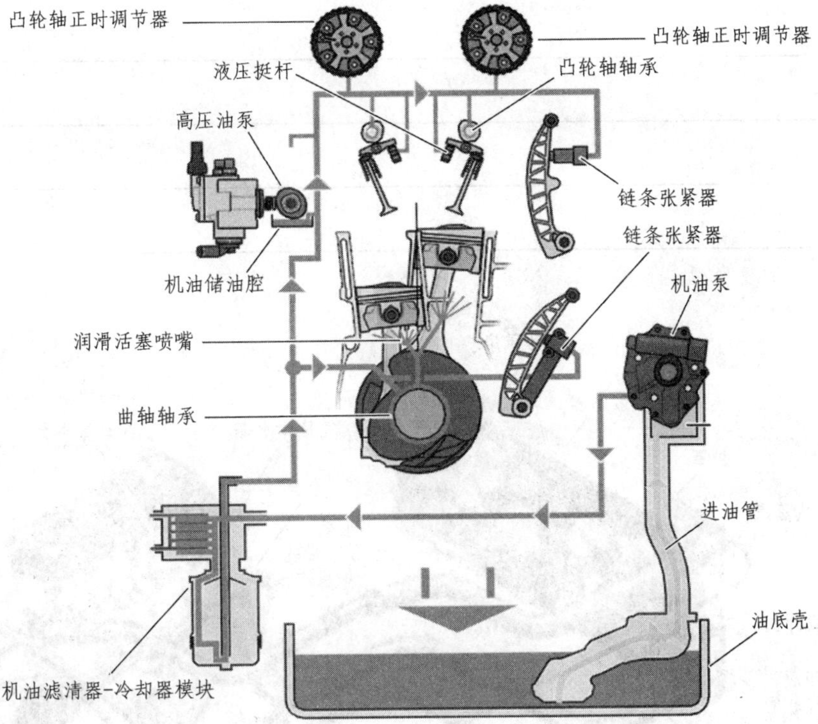

① 润滑系统的作用：

____

____

② 润滑系统的组成：

____

____

③ 润滑油路：

____

____

（8）冷却系的作用、组成、结构

① 冷却系的作用：

____

____

② 冷却系的组成：

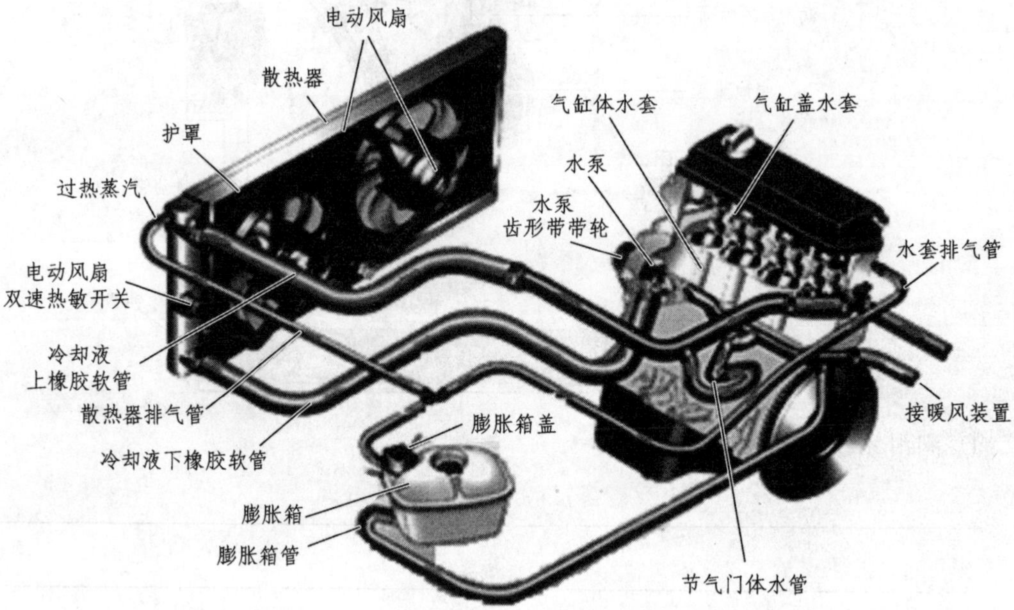

③ 冷却水的大小水循环路线：

A. 小循环路线

B. 大循环路线

（9）点火系的作用、类型、组成

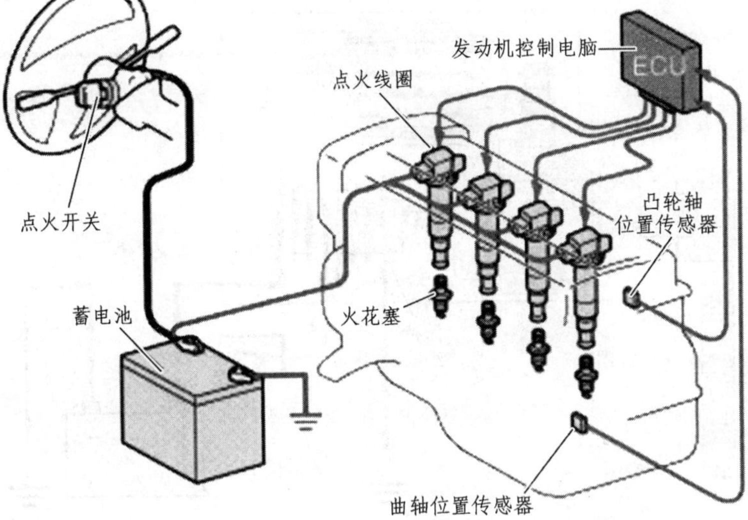

① 点火系的作用：

____

____

② 点火系的类型、组成：

A. 类型

____

____

B. 组成

____

____

（10）起动系的作用、组成、原理

① 起动系的作用：

____

____

② 起动系的组成：

____

____

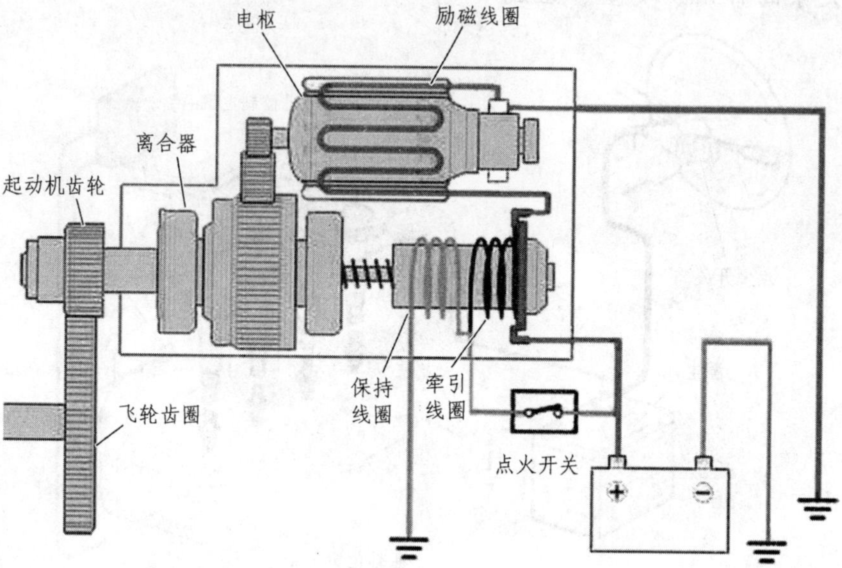

③ 起动系的原理：

引导问题 3　汽车底盘的类型、组成和工作原理？

（1）汽车底盘的组成（4 大系统）

（2）传动系的功用、组成

① 传动系的功用：

② 传动系的组成：

传动系统组成图

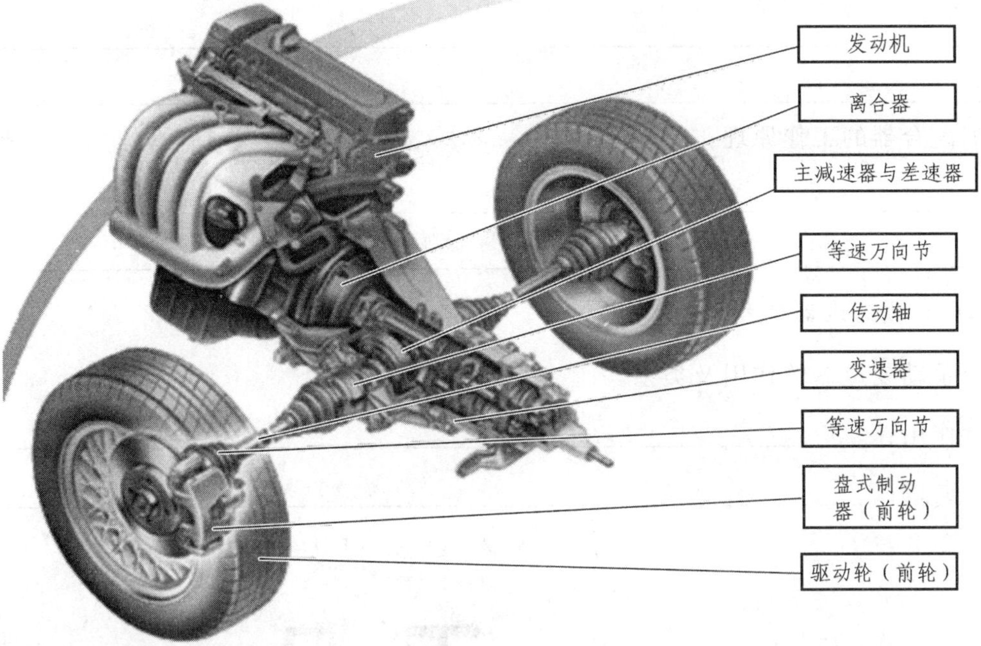

（3）离合器的结构原理

① 离合器的作用：

____

____

____

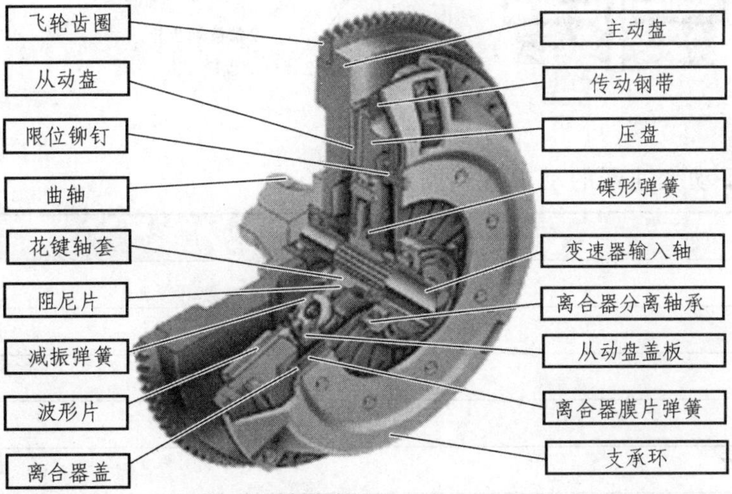

② 离合器的结构组成：

____

____

③ 离合器的工作原理：

____

____

（4）手动变速器的结构原理

① 手动变速器的作用及类型。

A. 作用：____。

B. 类型：____。

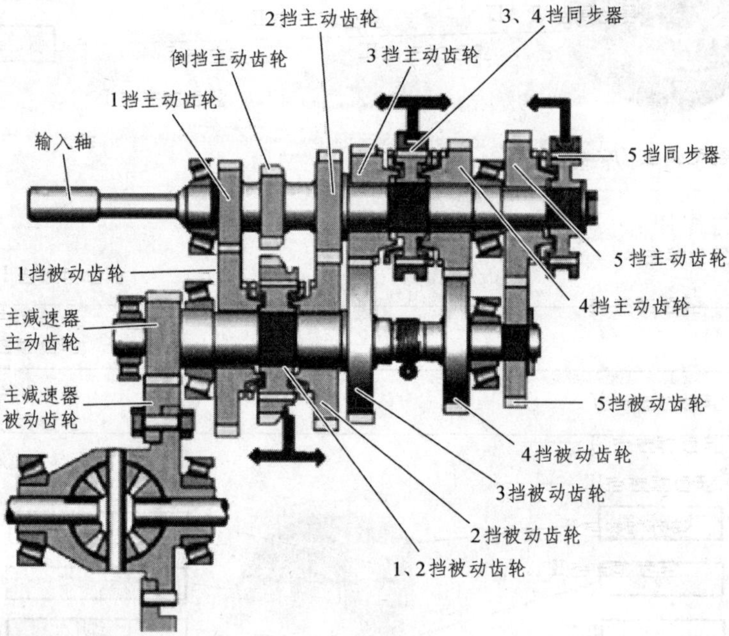

② 两轴式手动变速器的动力传递路线。

挡位	动力传递路线
1	
2	
3	
4	
5	
R	

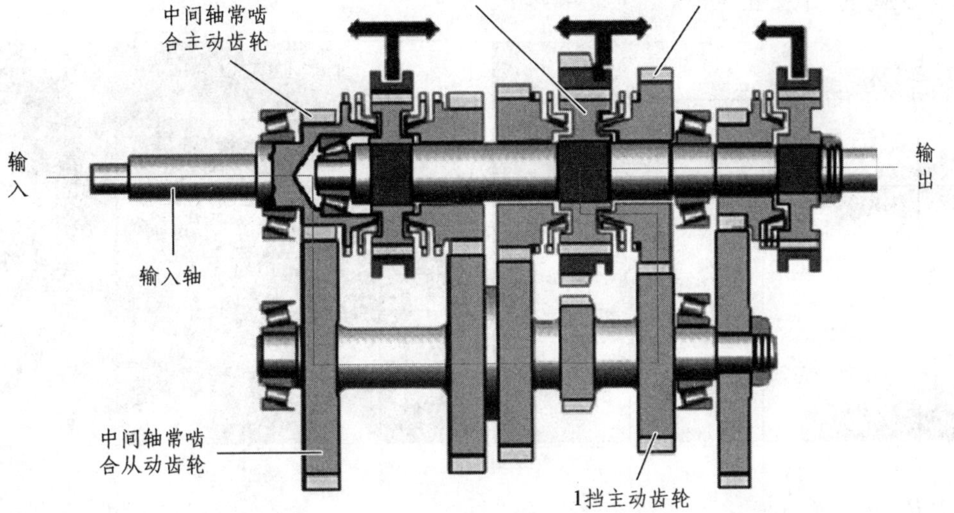

③ 三轴式手动变速器的动力传递路线。

挡位	动力传递路线
1	
2	
3	
4	
5	
R	

（5）自动变速器类型、结构、原理

① 自动变速器类型：

____

____

② 行星齿轮机构基本元件：

____

____

③ 自动变速器操纵挡位含义：

P挡__________、N挡__________、D挡__________、

R挡__________、S挡（或L挡）__________。

（6）万向传动装置

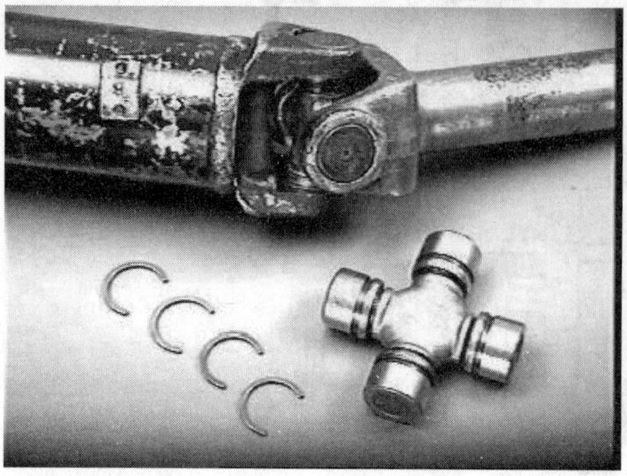

万向传动装置组成：________、________、________。

（7）驱动桥

① 主减速器。

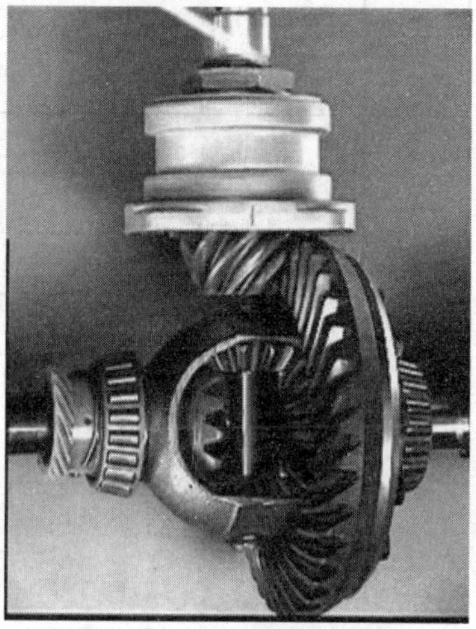

A. 作用：________

B. 类型：________

C. 组成：________

____

② 差速器。

A. 作用：________

____

B. 工作过程：

____

____

____

____

____

____

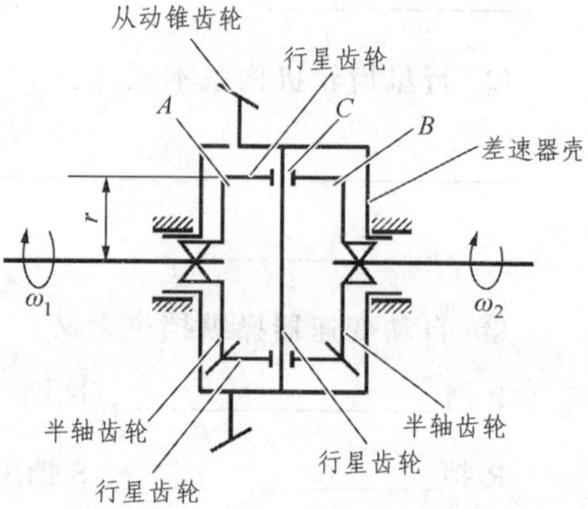

（8）行驶系统

① 行驶系作用：______________________________。

② 行驶系一般由________、________、________、________组成。

（9）悬　架

① 悬架定义及作用。

A. 定义：______________________________

B. 作用：______________________________

② 悬架分类及各自特点。

悬架类型	特点

（10）车轮与轮胎

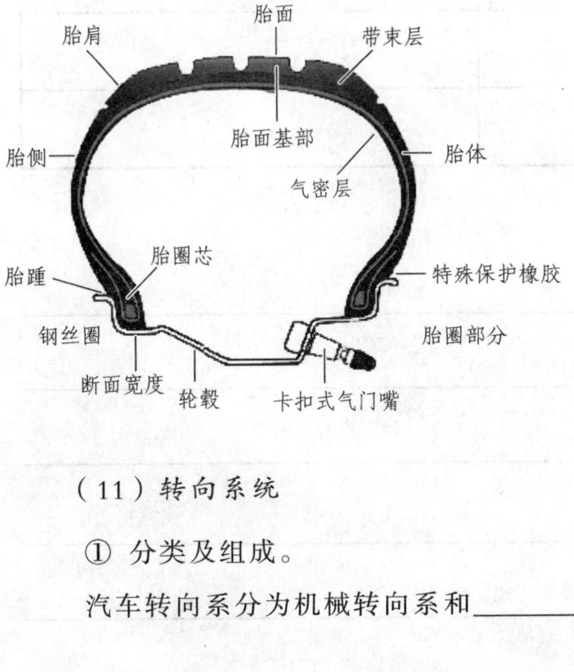

① 轮胎的作用：

____

____

____

② 轮胎的结构：

____

____

____

（11）转向系统

① 分类及组成。

汽车转向系分为机械转向系和________两大类。机械转向系由________

________________三部分组成。

② 转向器有________、________等类型。

③ 前轮定位：

A. 定义：________________。

B. 前轮定位参数包括________、________、________、________。

（12）制动系统

① 制动系作用及类型。

A. 制动系作用：________________。

B. 制动系类型：________________。

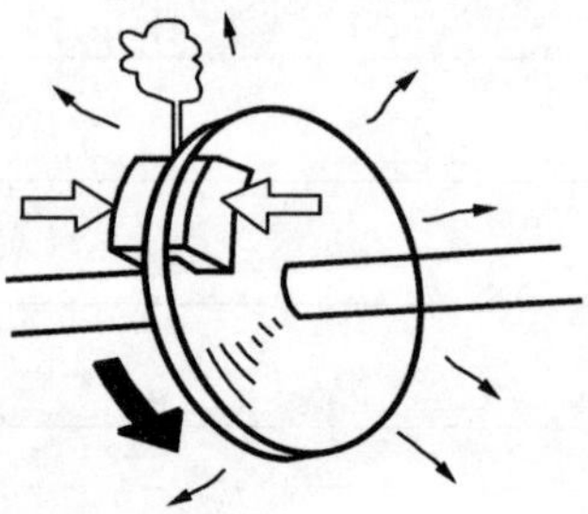

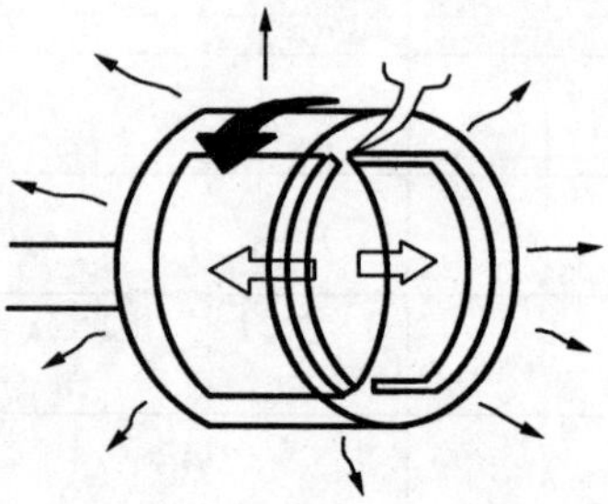

② 制动器。

制动器类型	优点	缺点

③ 防抱死制动系统（ABS）。

A. 作用：________________

B. 组成：________________

C. 工作原理：________________

____

____

引导问题 4　汽车电气设备的类型、组成和工作原理？

（1）充电系统

① 蓄电池。

A. 作用：________________

B. 结构：________________

C. 电量观察方法：________________

② 交流发电机。

A. 类型：________________

B. 结构：________________

____

（2）照明与信号系统

系统分类	组成
外部照明	
内部照明	
外部信号	
内部信号	

（3）仪表及辅助电气系统

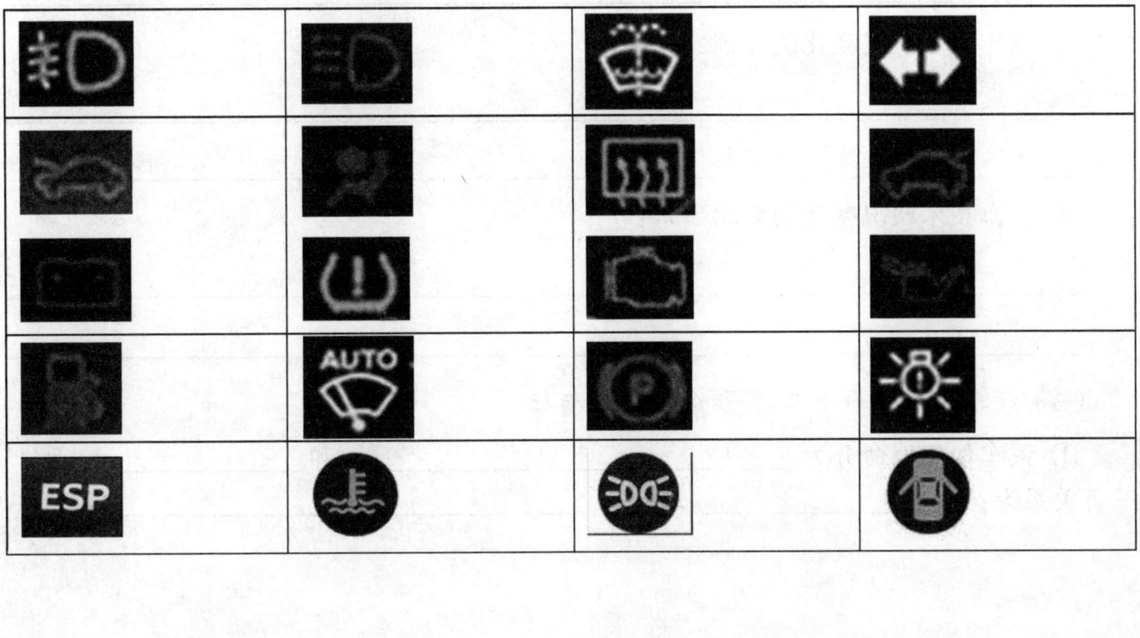

（4）汽车空调系统

A. 作用：________________

B. 组成：________________

C. 工作原理：________________

引导问题 5　汽车技术状况变化的原因和规律？

（1）汽车技术状况分类和变化规律

① 汽车技术状况分类：

____

____

② 技术状况变化规律：

____

____

（2）汽车技术状况变化的外观症状、原因、影响因素

① 汽车技术状况变化的外观症状：

____

____

② 汽车技术状况变化的原因：

____

____

③ 汽车技术状况变化的影响因素：

____

____

（3）汽车使用寿命类型、影响因素及指标

① 汽车使用寿命分为________、________和________三种。三者关系为：________>________>________。

② 汽车使用寿命影响因素：

____

____

③ 汽车使用寿命指标：

____

____

（4）汽车使用性能主要内容及衡量指标

① 组成：汽车使用性能主要有动力性、燃油经济性、制动性、____。

② 动力性、燃油经济性、制动性的评价指标

汽车使用性能	评价指标
动力性	
燃油经济性	
制动性	

（5）汽车公害

① 汽车排气污染物主要组成及危害。

排气污染物主要组成	危害
CO	
CO_2	
HC	
NO_x	
微粒	

② 汽车噪声的主要来源。

A. 发动机：____。

B. 底盘：____。

C. 车身：____。

D. 电气：____。

引导问题 6　汽车维护的分类、工艺和方法？

（1）汽车维护的原则、周期、内容

① 汽车维护的原则。

根据《汽车运输业车辆技术管理规定》，车辆维护应贯彻＿＿＿＿＿＿＿＿＿＿＿＿＿＿＿＿＿＿＿＿＿＿＿＿＿的原则。

② 汽车维护分级和内容。

维护级别	维护内容
日常维护	
一级维护	
二级维护	

（2）汽车修理的原则、分类、工艺

① 汽车修理的原则及分类。

A. 原则：＿＿＿＿＿＿＿＿＿＿＿＿＿＿＿＿＿＿＿＿＿＿＿＿＿＿

B. 分类：＿＿＿＿＿＿＿＿＿＿＿＿＿＿＿＿＿＿＿＿＿＿＿＿＿＿

② 汽车修理的基本方法：

＿＿＿＿＿＿＿＿＿＿＿＿＿＿＿＿＿＿＿＿＿＿＿＿＿＿＿＿＿＿

＿＿＿＿＿＿＿＿＿＿＿＿＿＿＿＿＿＿＿＿＿＿＿＿＿＿＿＿＿＿

③ 汽车零件的修复方法：

＿＿＿＿＿＿＿＿＿＿＿＿＿＿＿＿＿＿＿＿＿＿＿＿＿＿＿＿＿＿

＿＿＿＿＿＿＿＿＿＿＿＿＿＿＿＿＿＿＿＿＿＿＿＿＿＿＿＿＿＿

二、实施与控制（建议学习时间：2学时）

引导问题 7　静态检查如何进行？

（1）静态检查所需工具和用品

A. 工具：＿＿＿＿＿＿＿＿＿＿＿＿＿＿＿＿＿＿＿＿＿＿＿＿＿＿

B. 用品：＿＿＿＿＿＿＿＿＿＿＿＿＿＿＿＿＿＿＿＿＿＿＿＿＿＿

（2）静态检查主要内容

- 静态检查
  - 识伪检查
    - ________
    - 事故车：________
  - 外观检查
    - 发动机舱：包括进气系统、________
    - ________：包括驾驶操纵机构、开关、仪表、报警灯、内饰件、座椅、电器部件等
    - ________：包括行李舱锁、气压减振器、防水密封条、备用轮胎、随车工具、门控开关等
    - 车底：________

（3）车身检查

① 车身外观检查。

《二手车鉴定评估技术规范》要求检查______个项目，缺陷程度为1的扣____分，每增加1个程度加扣____分。共计20分，扣完为止。轮胎部分需高于程度4的标准，不符合标准扣____分。

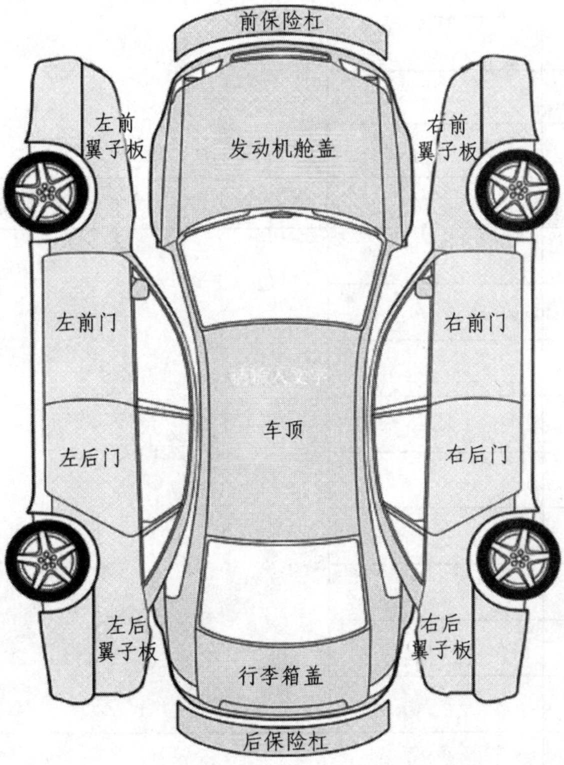

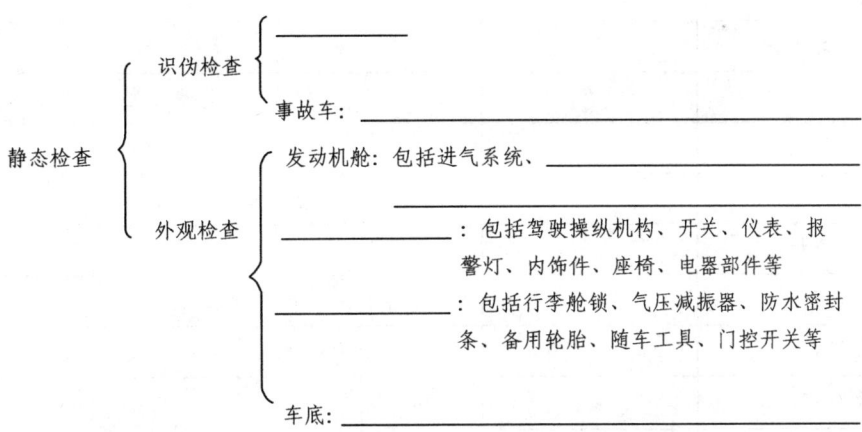

车身外观项目的描述方式为：____________________________

车身检查	扣分	状态描述
发动机舱盖表面		划痕 HH
左前翼子板		变形 BX
左后翼子板		锈蚀 XS
右前翼子板		裂纹 LW
右后翼子板		凹陷 AX
左前车门		修复痕迹 XF
右前车门		缺陷程度
左后车门		1—面积≤100 mm×100 mm 2—100×100 mm>面积≤200 mm×300 mm 3—面积>200 mm×300 mm 4—轮胎花纹深度<1.6 mm
右后车门		
行李箱盖		
行李箱内则		
车顶		
前保险杠		
后保险杠		
左前轮		
左后轮		
右前轮		
右后轮		缺陷描述
前大灯		
后尾灯		
前挡风玻璃		
后挡风玻璃		
四门风窗玻璃		
左后视镜		
右后视镜		
轮胎		
其他项目		
合计扣分		

（4）检查发动机舱

① 检查发动机舱清洁情况。

打开发动机罩，观察发动机表面是否清洁，是否有油污，是否锈蚀，是否有零部件损坏或遗失，导线、电缆、真空管是否松动。

A. 如果发动机舱堆满灰尘，说明：______________________________

______________________________。

B 如果发动机表面非常干净，______________________________

______________________________。

② 检查发动机铭牌。

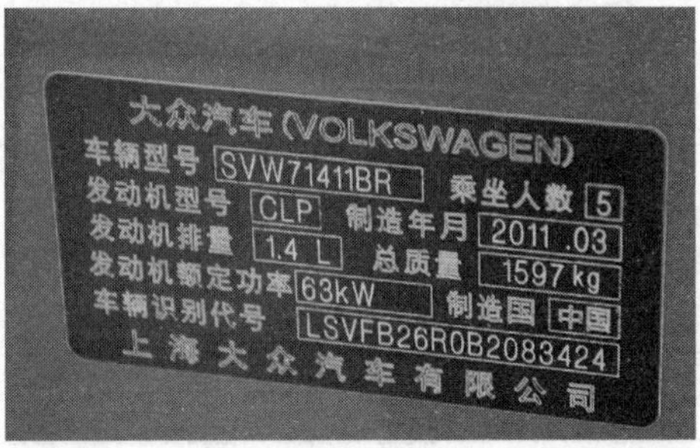

A. 发动机铭牌常见位置：______________________________

______________________________。

B. 铭牌主要内容：______________________________

______________________________。

③ 检查发动机系统。

____

______________________________。

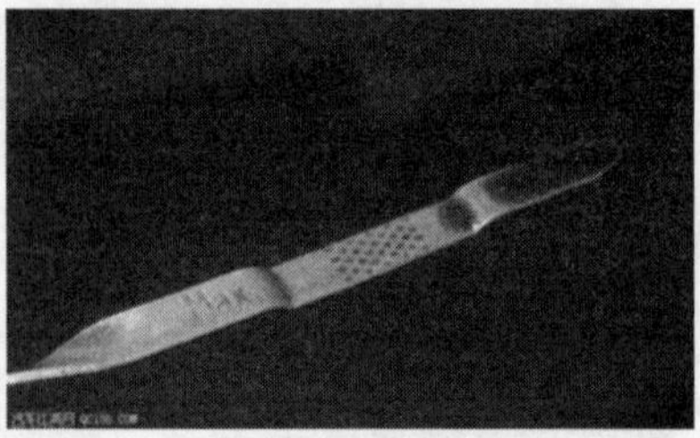

④ 检查发动机润滑系统。

____

____。

⑤ 检查点火系统

____

____

____。

⑥ 检查发动机供油系统。

A. 有无泄漏：____。

B. 连接可靠性：____。

⑦ 检查发动机进气系统。

____

____。

⑧ 检查机体附件。

____

____。

⑨ 检查发动机舱内其他部件。

____

____。

⑩ 按《二手车评估技术规范》，发动机舱应按下表要求检查 10 个项目。共计 20 分，扣完为止。

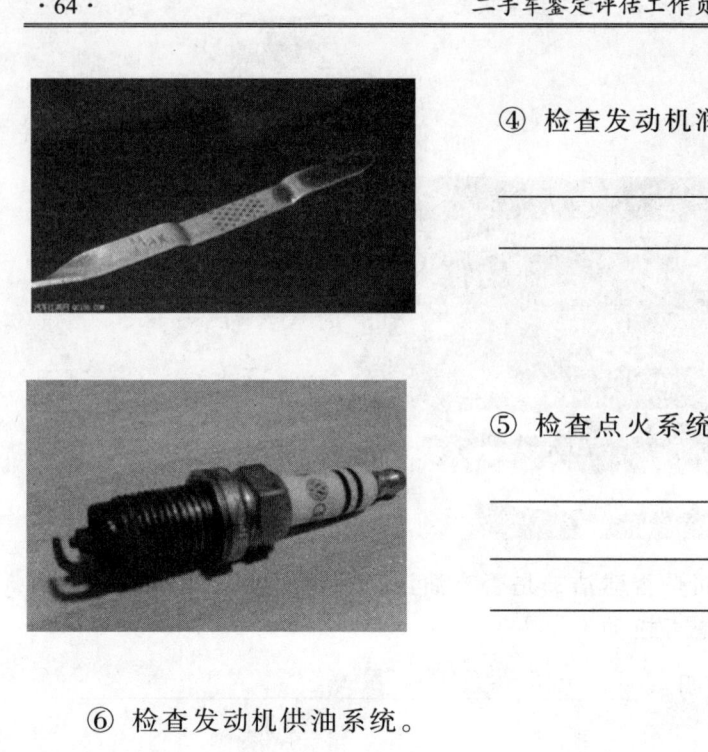

发动机舱检查	程度			扣分
机油有无冷却液混入	无	轻微	严重	
缸盖外是否有机油渗漏	无	轻微	严重	
前翼子板内缘、水箱框架、横拉梁有无凹凸或修复痕迹	无	轻微	严重	
散热器格栅有无破损	无	轻微	渗漏	
蓄电池电极桩柱有无腐蚀	无	轻微	严重	
蓄电池电解液有无渗漏、缺少	无	轻微	严重	
发动机皮带有无老化	无	轻微	严重	
油管、水管有无老化、裂痕	无	轻微	裂痕	
线束有无老化、破损	无	轻微	破损	
其他				
合计扣分				

（5）检查车舱

① 检查驾驶操纵机构。

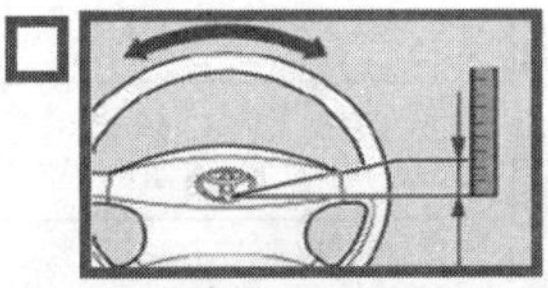

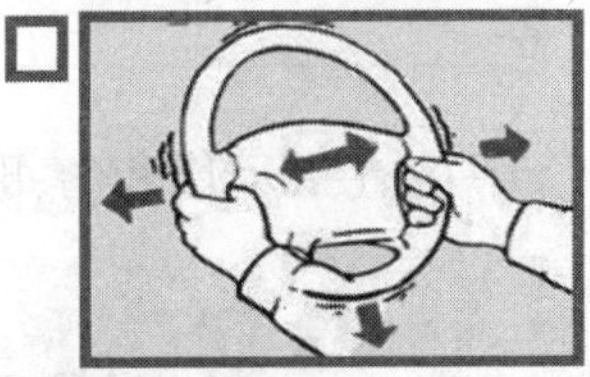

A. 检查转向盘________________________________

________________________________。

B. 检查加速踏板________________________________

________________________________。

C. 检查制动踏板________________________________

________________________________。

D. 检查离合器踏板________________________________

________________________________。

E. 检查手制动操纵杆________________________________。

F. 检查变速器操纵杆________________________________。

② 检查开关：____。

③ 检查仪表（标出图中各种仪表名称）。

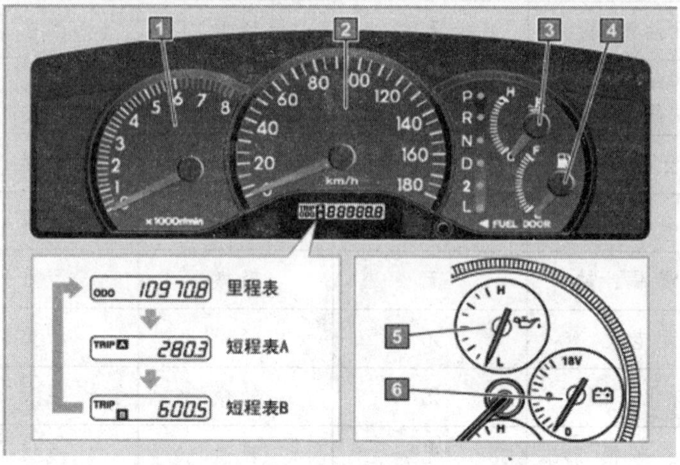

1 ____；

2 ____；

3 ____；

4 ____；

5 ____；

6 ____。

④ 检查指示灯和警报灯（标出图中各指示灯或警报灯的名称）。

1 ____；

2 ____；

3____；

4____；

5____；

6____；

7____；

8____；

9____。

⑤ 检查座椅及安全带调节及紧固状况。

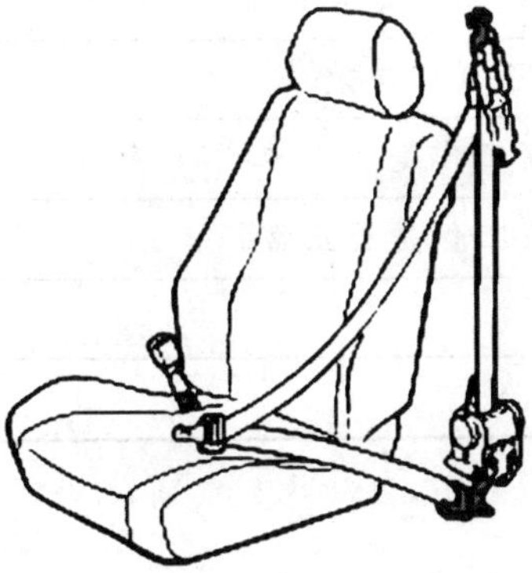

A. 座椅检查____。

B. 安全带检查____。

⑥ 检查地毯及地板、杂物箱和托架。

____

____。

⑦ 检查电器设备

____

____。

⑧ 按《二手车评估技术规范》要求检查15个项目。共计10分，扣完为止。

驾驶舱检查			扣分
车内是否无水泡痕迹	是	否	
车内后视镜、座椅是否完整、无破损、功能正常	是	否	
车内是否整洁、无异味	是	否	
方向盘自由行程转角是否小于15°	是	否	
车顶及周边内饰是否无破损、松动及裂缝和污迹	是	否	
仪表台是否无划痕，配件是否无缺失	是	否	
排挡把手柄及护罩是否完好、无破损	是	否	
储物盒是否无裂痕，配件是否无缺失	是	否	
天窗是否移动灵活、关闭正常	是	否	
门窗密封条是否良好、无老化	是	否	
安全带结构是否完整、功能是否正常	是	否	
驻车制动系统是否灵活有效	是	否	
玻璃窗升降器、门窗工作是否正常	是	否	
左、后视镜折叠装置工作是否正常	是	否	
其他			
合计扣分			

（6）检查行李舱

根据《二手车评估技术规范》对下表所示部件功能进行检查。结构、功能坏损的，直接进行缺陷描述，不计分。

零部件名称	功能检查	零部件名称	功能检查
发动机舱盖锁止		备胎	
发动机舱盖液压撑杆		千斤顶	
后门/后备箱液压支撑杆		轮胎扳手及随车工具	
各车门锁止		三角警示牌	
前后雨刮器		灭火器	
立柱密封胶条		全套钥匙	
排气管及消音器		遥控器及功能	
车轮轮毂		喇叭高低音色	
车内后视镜		玻璃加热功能	
座椅调节及加热		中央集控	
仪表板出风管道			

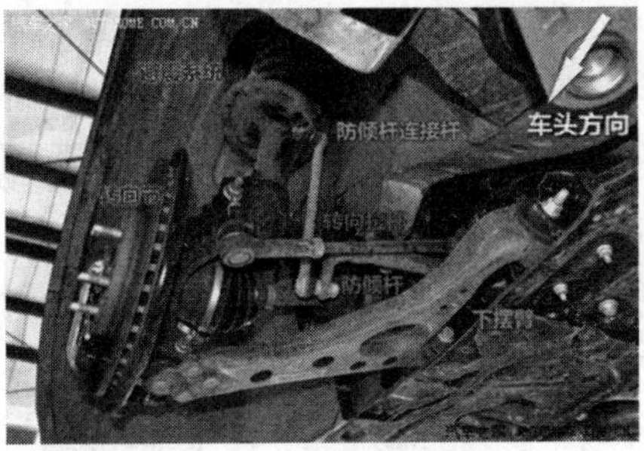

（7）检查车底

① 检查泄漏。

____

____。

② 检查排气系统。

____

____。

③ 检查前、后悬架。

____

____。

④ 检查转向机构。

____

____。

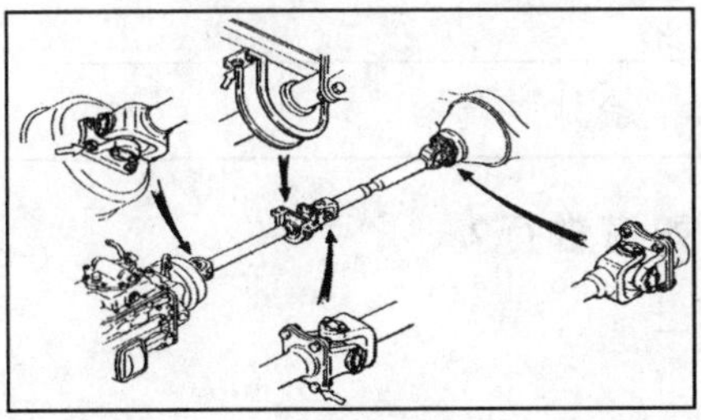

⑤ 检查传动轴。

____

____。

⑥ 检查车轮。

A. 检查项目：________________

B. 轮胎异常磨损类型：

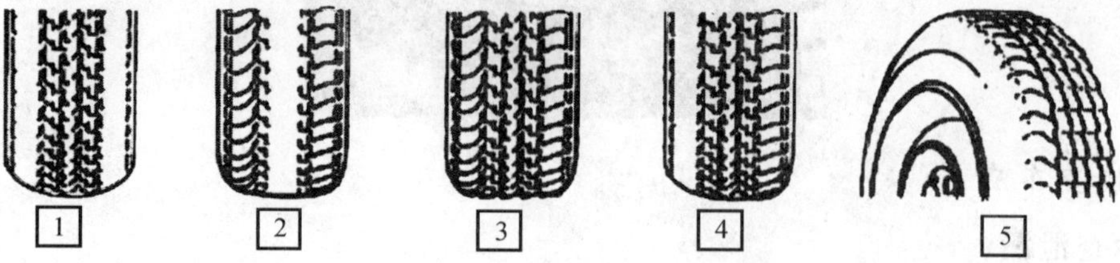

1________________；2________________；

3________________；4________________；

5________________。

⑦ 按《二手车评估技术规范》要求检查 8 个项目。共计 15 分，扣完为止。

检查项目			扣分
发动机油底壳是否无渗漏	是	否	
变速箱体是否无渗漏	是	否	
转向节臂球销是否无松动	是	否	
三角臂球销是否无松动	是	否	
传动轴十字轴是否无松旷	是	否	
减振器是否无渗漏	是	否	
减振弹簧是否无损坏	是	否	
其他			
合计扣分			

引导问题 8　动态检查如何进行？

（1）动态技术鉴定流程

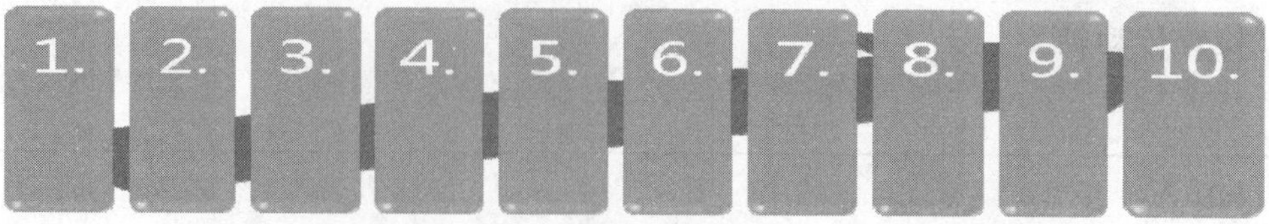

序号	流程名称	鉴定内容	注意事项
1	准备		
2			
3			
4			
5			
6			
7			
8			
9			
10	收尾检查		

（2）启动检查项目作业表

按《二手车评估技术规范》要求检查10个项目。共计20分，扣完为止。

启动检查			扣分
车辆启动是否顺畅（时间少于5 s，或一次启动）	是	否	
仪表板指示灯显示是否正常，无故障报警	是	否	
各类灯光和调节功能是否正常	是	否	
泊车辅助系统工作是否正常	是	否	
制动防抱死系统（ABS）工作是否正常	是	否	
空调系统风量、方向调节、分区控制、自动控制、制冷工作是否正常	是	否	
发动机在冷、热车条件下怠速运转是否稳定	是	否	
怠速运转时发动机是否无异响，空挡状态下逐渐增加发动机转速，发动机声音过渡是否无异响	是	否	
车辆排气是否无异常	是	否	
其他			
合计扣分			

（3）路试检查项目作业表

按《二手车评估技术规范》要求检查10个项目。共计15分，扣完为止。

路试检查			扣分
车辆启动前踩下制动踏板，保持5～10 s，踏板无向下移动的现象	是	否	
踩住制动踏板启动发动机，踏板是否向下移动	是	否	
行车制动系最大制动效能在踏板全行程的4/5以内达到	是	否	
行驶是否无跑偏	是	否	
制动系统工作是否正常有效、制动不跑偏	是	否	
变速箱工作是否正常、无异响	是	否	
行驶过程中车辆底盘部位是否无异响	是	否	
行驶过程中车辆转向部位是否无异响	是	否	
其他			
合计扣分			

引导问题9　仪器检查如何进行？

（1）汽车性能检测设备

检测项目	检测设备
车速表	
侧滑	
制动性能	
前照灯	
排气污染物	
噪声	
动力性	
定位参数	

（2）是否每次评估都需要进行仪器检查

____

引导问题10　怎样评定车辆的技术等级？

按《二手车评估技术规范》要求检查车辆技术状况，并根据检查结果确定车辆技术状况的分值。总分值为各个鉴定项目分值__________，即鉴定总分 = ______________，满分100分。

技术状况等级	分值区间
一级	
二级	
三级	
四级	
五级	

三、评价与反馈（建议学习时间：4学时）

1. 小组成果展示

各组演示二手车技术状况鉴定过程及展示说明打分表。

2. 任务总结

（1）你的收获与体会

（2）你对其他小组的建议

（3）教师点评

3. 评　分

考核项目	评分标准	分数	学生自评	小组互评	教师评价	备注
准备工作	完整	5				
	准确	5				
资料查阅	准确	5				
	迅速	5				
工作流程	完整	15				
	准确	15				
操作规范	准确	5				
	规范	5				
操作熟练度	熟练	10				
5S	完成各步骤要求	10				
工作安全	无安全事故发生	10				
复位工作	完成复位	10				
总分		100				

学习情境七　评估车辆价值

情境描述

根据车辆的技术鉴定状况，小刘选择适当的评估方法对该车进行价值估算。

学习目标

通过本学习任务的学习，你应当：

1. 能礼貌、熟练地接待客户；
2. 能与客户进行顺畅、愉快的沟通；
3. 能正确为客户介绍有关二手车评估流程、所需手续等事宜。

建议教学时间

10学时。

引导问题

一、任务准备（建议学习时间：4学时）

引导问题1　二手车评估计算方法有哪些？

（1）现行市价法概念

（2）重置成本法概念

（3）收益现值法概念

____

____

（4）清算价格法概念

____

____

引导问题 2　影响评估价格的因素有哪些？

（1）政策因素

政策因素	影响效果
新车限购	
私家车无报废年限限制	
汽车排放标准提高	

（2）环境因素

环境因素	影响效果
暴雨造成城市内涝	

（3）使用因素

使用因素	影响效果

二、实施与控制（建议学习时间：4学时）

引导问题3　本次评估适用什么评估方法？

评估方法类型	适用范围
现行市价法	
重置成本法	
收益现值法	
清算价格法	

引导问题4　最终评估值如何确定？

（1）重置成本法的计算

$P_{\text{重置}}=$______________________________

$P_{\text{重置}}=$______________________________

$P_{\text{重置}}=$______________________________

（2）现行市价法的计算

$P_{\text{现行}}=$______________________________

（3）收益现值法的计算

$P_{\text{收益}}=$______________________________

（4）清算价格法的计算

$P_{\text{清算}}=$______________________________

（5）最终评估值的确定

$P_{\text{最终}}=$______________________________

评估计算中涉及的公式较多，一般不用强制记忆，但需要了解各方法相关因素有哪些。

重置成本法计算中注意现行的增值税税率与购置税税率变化情况。

三、评价与反馈（建议学习时间：2学时）

1. 小组成果展示

各组计算并展示该车的最终评估值。

2. 任务总结

（1）你的收获与体会

____

____

（2）你对其他小组的建议

____

____

（3）教师点评

____

____

3. 评　分

考核项目	评分标准	分数	学生自评	小组互评	教师评价	备注
各评估方法的适用范围	正确描述现行市价法适用范围	10				
	正确描述重置成本法适用范围	10				
	正确描述收益现值法适用范围	10				
	正确描述清算价格法适用范围	10				
各方法具体计算	正确使用现行市价法算评估值	10				
	正确使用重置成本法算评估值	10				
	正确描述收益现值法计算过程	10				
	正确描述清算价格法计算过程	10				
最终评估值确定	正确确定最后评估值	10				
课堂纪律	严格遵守	10				
总分		100				

学习情境八　撰写并出具鉴定评估报告

情境描述

小刘将评估过程进行整理，并撰写评估报告。小李将评估报告交予王先生。估方法对该车进行价值估算。

学习目标

通过本学习任务的学习，你应当：

1. 能理解评估报告书的作用；
2. 能掌握评估报告书的内容；
3. 能列举鉴定评估报告书的附件；
4. 能编写二手车鉴定评估报告书；
5. 能解答客户对报告书内容的疑问。

建议教学时间

2 学时。

引导问题

一、任务准备（建议学习时间：0.5 学时）

引导问题 1　什么是二手车鉴定评估报告？

（1）二手车鉴定评估报告书的概念

____

____

（2）二手车鉴定评估报告书的作用

A. 对委托方：________________

B. 对受托方：________________

引导问题 2　报告书的类型及要求？

（1）二手车鉴定评估报告的类型

____

____

（2）二手车鉴定评估报告的要求

项目名称	撰写要求
委托方名称	
受理方名称	
评估对象概括	
评估目的	
评估基准日	
评估依据	
评估方法	
评估结论	
决定评估额的理由	
评估前提及说明事项	
参与评估人员与评估对象有无利害关系的说明	
评估作业日期	
附件	

二、实施与控制（建议学习时间：1学时）

引导问题3　如何撰写二手车鉴定评估报告书？

（1）报告书的格式

报告书的格式一般为自定，但内容必须包含：委托方名称、受理方名称、评估对象概括等13项内容。

《二手车鉴定评估技术规范》是二手车评估行业的国家标准，其中提供了报告书的示范格式，可作为标准格式进行使用。

评估方法中的“其他”指利用两种或两种以上的评估方法对车辆进行评估，并以它们的加权值为最终评估结果的方法。

“复核人员”须具有高级鉴定评估师资格。只有评估师签字，没有具有资质的二手车鉴定评估机构盖章的评估报告书是没有效力的。

二手车鉴定评估报告（示范文本）

××××鉴定评估机构评报字（20　　年）第××号

一、绪言

（鉴定评估机构）接受________的委托，根据国家有关评估及《二手车流通管理办法》和《二手车鉴定评估技术规范》的规定，本着客观、独立、公正、科学的原则，按照公认的评估方法，对牌号为_______的车辆进行了鉴定。本机构鉴定评估人员按照必要的程序，对委托鉴定评估的车辆进行了实地查勘与市场调查，并对其在_______年月______日所表现的市场价值作出了公允反映。现将该车辆鉴定评估结果报告如下：

二、委托方信息

委托方：____________________　委托方联系人：____________________

联系电话：______________　车主姓名/名称：（填写机动车登记证书所示的名称）

三、鉴定评估基准日

____________年__________月__________日

四、鉴定评估车辆信息

厂牌型号：____________________　牌照号码：____________________

发动机号：____________________　车辆VIN码：____________________

车身颜色：__________　表征里程：__________　初次登记日期：__________

年审检验合格至：______年______月　交强险截止日期：______年____月

车船税截止日期：______年______月

是否查封、抵押车辆：□是 □否　　车辆购置税（费）证：　□有 □无

机动车登记证书：　□有 □无　机动车行驶证：　□有 □无

未接受处理的交通违法记录：□有 □无

使用性质：□公务用车 □家庭用车 □营运用车 □出租车　□其他：

五、技术鉴定结果

技术状况缺陷描述：________________________________

重要配置及参数信息：________________________________

技术状况鉴定等级：______________　等级描述：____________

六、价值评估

价值估算方法：□现行市价法□重置成本法□其他________________

价值估算结果：车辆鉴定评估价值为人民币________元，金额大写：________

七、特别事项说明[1]

八、鉴定评估报告法律效力

本鉴定评估结果可以作为作价参考依据。本项鉴定评估结论有效期为 90 天，自鉴定评估基准日至　　年　　月　　日止；

九、声明

（1）本鉴定评估机构对该鉴定评估报告承担法律责任；

（2）本报告所提供的车辆评估价值为评估基准日的价值；

（3）该鉴定评估报告的使用权归委托方所有，其鉴定评估结论仅供委托方为本项目鉴定评估目的使用和送交二手车鉴定评估主管机关审查使用，不适用于其他目的，否则本鉴定评估机构不承担相应法律责任；因使用本报告不当而产生的任何后果与签署本报告书的鉴定评估人员无关；

（4）本鉴定评估机构承诺，未经委托方许可，不将本报告的内容向他人提供或公开，否则本鉴定评估机构将承担相应法律责任。

附件：

一、二手车鉴定评估委托书

二、二手车技术状况鉴定作业表

三、车辆行驶证、机动车登记证书证复印件

四、被鉴定评估二手车照片（要求外观清晰，车辆牌照能够辨认）

二手车鉴定评估师（签字、盖章）　　　　复核人[2]（签字、盖章）

年　　月　　日　　　　（二手车鉴定评估机构盖章）

年　　月　　日

[1] 特别事项是指在已确定鉴定评估结果的前提下，鉴定评估人员认为需要说明在鉴定过程中已发现可能影响鉴定评估结论，但非鉴定评估人员执业水平和能力所能鉴定评定估算的有关事项以及其他问题。

[2] 复核人是指具有高级二手车鉴定评估师资格的人员。

备注：1. 本报告书和作业表一式三份，委托方二份，受托方一份；

2. 鉴定评估基准日即为《二手车鉴定评估委托书》签订的日期。

（2）报告书的编写步骤

____

____

引导问题 4　如何出具报告书？

（1）报告书的确认

委托方或委托目的类型	确认方
交易类	
抵押类	
司法鉴定类	
置换类	
拍卖类	
企业合并等资产重组类	

（2）报告书的复议

____

____

引导问题 5　如何解答客户对鉴定评估报告书的疑问？

（1）使用性质对评估价格的影响

____

____

（2）技术等级如何确定

（3）不同的评估方法为何评估值不同

三、评价与反馈（建议学习时间：0.5 学时）

1. 小组成果展示

各组分别撰写出评估报告书并解答客户常见问题。

2. 任务总结

（1）你的收获与体会

（2）你对其他小组的建议

（3）教师点评

3. 评　分

考核项目	评分标准	分数	学生自评	小组互评	教师评价	备注
评估报告书的基本概念及要求	正确描述评估报告书的概念	10				
	正确描述评估报告书的作用	10				
	正确描述评估报告书的类型	10				
	正确描述评估报告书的要求	10				
评估报告书的撰写及出具	正确描述评估报告书的编写步骤	10				
	正确说出不同类型的报告书确认方	10				
	正确描述报告书如何进行复议	10				
	正确描述报告书的附件有哪些	10				
	正确回答客户对报告书提出的问题	10				
课堂纪律	严格遵守	10				
总分		100				

学习情境九　归档工作底稿

情境描述

小李及小刘将评估相关资料交予小张，由其进行归档及管理。

学习目标

通过本学习任务的学习，你应当：
1. 能理解存档的意义；
2. 能进行评估资料的正确存档及管理。

建议教学时间

2 学时。

引导问题

一、任务准备（建议学习时间：0.5 学时）

引导问题 1　存档的意义？

（1）对客户的意义

____

____

（2）对评估机构的意义

____

____

二、实施与控制（建议学习时间：0.5学时）

引导问题2　如何存档？

（1）哪些资料需要存档

（2）档案保存的期限

（3）档案保管要求

三、评价与反馈（建议学习时间：1学时）

1. 小组成果展示

各组分别回答归档工作底稿的相关问题。

2. 任务总结

（1）你的收获与体会

（2）你对其他小组的建议

（3）教师点评

3. 评　分

考核项目	评分标准	分数	学生自评	小组互评	教师评价	备注
归档的意义	正确说出归档对客户的意义	20				
	正确说出归档对评估机构的意义	20				
归档的要求	正确列举哪些资料要存档	20				
	正确说出各类型评估的存档期限	20				
	正确说出档案管理的要求	10				
课堂纪律	严格遵守	10				
总分		100				

附录一

二手车鉴定评估技术规范

GB/T 30323—2013

引　言

为规范二手车鉴定评估行为，营造公平、公正的二手车消费环境，保护消费者合法权益，促进汽车市场健康发展，制定本标准。

本标准在制定过程中，参考了国外二手车鉴定评估有关法规与行业标准的主要思路与方法。

1　范　围

本标准规定了二手车鉴定评估的术语和定义、企业要求、作业流程和方法等技术要求。

本标准适用于从事二手乘用车鉴定评估的活动。从事其他二手车鉴定评估，以及其他涉及汽车鉴定评估活动参照执行。

2　规范性引用文件

下列规范所包含的条文，通过在本规范中引用而构成本规范的条文。本规范出版时，所示版本均为有效。所有规范都会被修订，使用本规范的各方应探讨使用下列规范最新版本的可能性。凡是不注明日期的引用文件，其最新版本适用于本规范。

《机动车运行安全技术条件》（GB 7258-2004）。

3　术语和定义

本规范采用下列定义：

3.1　二手车 used automobile

本规范所述二手车是指从办理完注册登记手续到达到国家强制报废标准之前进行交易并转移所有权的汽车。

3.2 二手车鉴定评估 appraisal and inspection

是指对二手车进行技术状况检测、鉴定，确定某一时点价值的过程。

3.2.1 二手车技术状况鉴定 technical inspection

对车辆技术状况进行缺陷描述、等级评定。

3.2.2 二手车价值评估 evaluation

根据二手车技术状况鉴定结果和鉴定评估目的，对目标车辆价值评估。价值评估方法主要包括现行市价法、重置成本法。

3.2.2.1 现行市价法 Current market price method

根据车辆技术状况按照市场现行价格计算出被评估车辆价值的方法。

3.2.2.2 重置成本法 Replacement cost method

按照相同车型市场现行价格重新购置一个全新状态的评估对象，用所需的全部成本减去评估对象的实体性、功能性和经济性陈旧贬值后的差额，以其作为评估对象现时价值的方法。

3.3 二手车鉴定评估机构 appraisal and inspection enterprises

从事二手车鉴定评估经营活动的第三方服务机构。

3.4 二手车鉴定评估师 appraiser 与高级二手车鉴定评估师 advanced appraiser

分别指依法取得二手车鉴定评估师、高级二手车鉴定评估师国家职业资格的人员。

4 二手车鉴定评估机构条件和要求

4.1 场 所

经营面积不少于 200 m^2。

4.2 设施设备

4.2.1 具备汽车举升设备；

4.2.2 车辆故障信息读取设备、车辆结构尺寸检测工具或设备；

4.2.3 具备车辆外观缺陷测量工具、漆面厚度检测设备；

4.2.4 具备照明工具、照相机、螺丝刀、扳手等常用操作工具。

4.3 人 员

具有 3 名以上二手车鉴定评估师，1 名以上高级二手车鉴定评估师。

4.4 其 他

4.4.1 具备电脑等办公设施；

4.4.2 具备符合国家有关规定的消防设施；

5 二手车鉴定评估程序

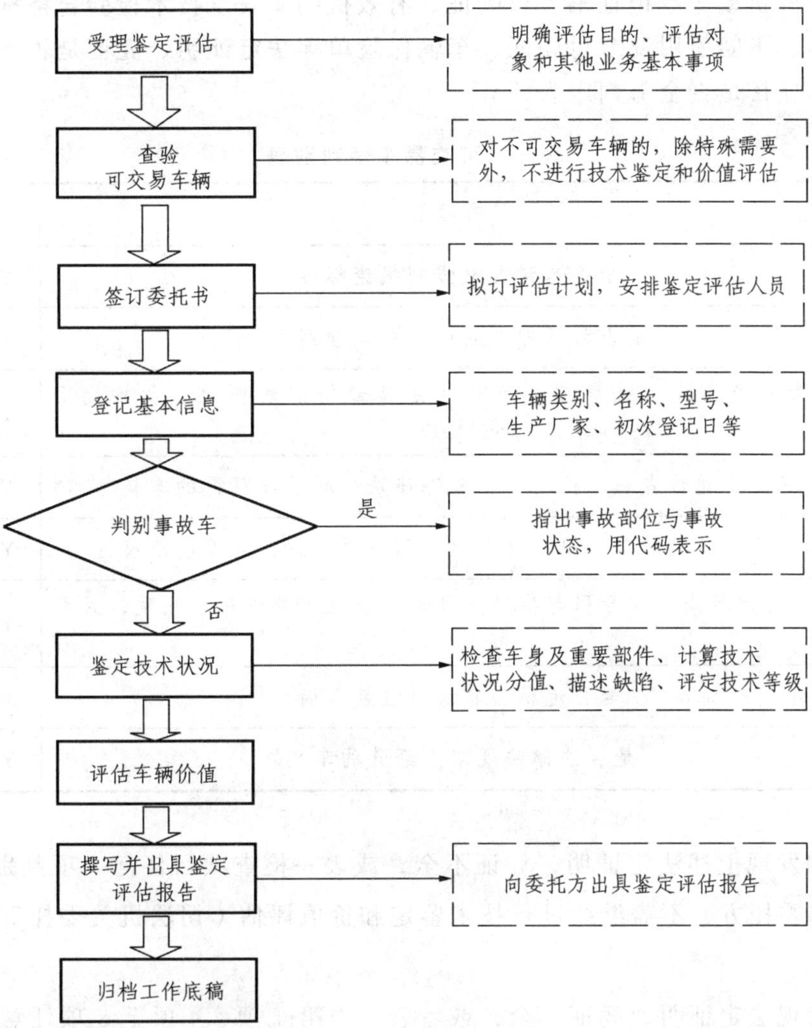

图一 二手车鉴定评估作业流程

5.1 二手车鉴定评估作业流程

二手车鉴定评估机构开展二手车鉴定评估经营活动按图一流程作业，并按附录四填写《二手车鉴定评估作业表》。二手车经销、拍卖、经纪等企业开展业务涉及二手车鉴定评估活动的，参照图一有关内容和顺序作业，即查验可交易车辆——登记基本信息——判别事故车——鉴定技术状况，并参照附录三填写《二手车技术状况表》。

5.2 受理鉴定评估

了解委托方及其车辆的基本情况，明确委托方要求，主要包括委托方要求的评估目的、评估基准日、期望完成评估的时间等；

5.3 查验可交易车辆

5.3.1 查验机动车登记证书、行驶证、有效机动车安全技术检验合格标志、车辆购置税完税证明、车船使用税缴付凭证、车辆保险单等法定证明、凭证是否齐全，并按照表一检查所列项目是否全部判定为“Y”。

表一 可交易车辆判别表

序号	检查项目	判别
1	是否达到国家强制报废标准	Y 否　N 是
2	是否为抵押期间或海关监管期间	Y 否　N 是
3	是否为人民法院、检察院、行政执法等部门依法查封、扣押期间的车辆	Y 否　N 是
4	是否为通过盗窃、抢劫、诈骗等违法犯罪手段获得的车辆	Y 否　N 是
5	发动机号与机动车登记证书登记号码是否一致，且无凿改痕迹	Y 是　N 否
6	车辆识别代号或车架号码与机动车登记证书登记号码是否一致，且无凿改痕迹	Y 是　N 否
7	是否走私、非法拼组装车辆	Y 否　N 是
8	是否法律法规禁止经营的车辆	Y 否　N 是

5.3.2 如发现上述法定证明、凭证不全，或表一检查项目任何一项判别为“N”的车辆，应告知委托方，不需继续进行技术鉴定和价值评估（司法机关委托等特殊要求的除外）。

5.3.3 发现法定证明、凭证不全，或者表一中第 1 项、4 项至 8 项任意一项判断为“N”的车辆应及时报告公安机关等执法部门。

5.4 签订委托书

对相关证照齐全、表一检查项目全部判别为“Y”的，或者司法机关委托等特殊要求的车辆，按附录 1 签署二手车鉴定评估委托书。

5.5 登记基本信息

5.5.1 登记车辆使用性质信息，明确营运与非营运车辆；

5.5.2 登记车辆基本情况信息，包括车辆类别、名称、型号、生产厂家、初次登记日期、表征行驶里程等。如果表征行驶里程与实际车况明显不符，应在《二手车鉴定评估报告》或《二手车技术状况表》有关技术缺陷描述时予以注明。

5.6 判别事故车

5.6.1 参照图二所示车体部位，按照表二要求检查车辆外观，判别车辆是否发生过碰撞、火烧，确定车体结构是完好无损或者有事故痕迹；

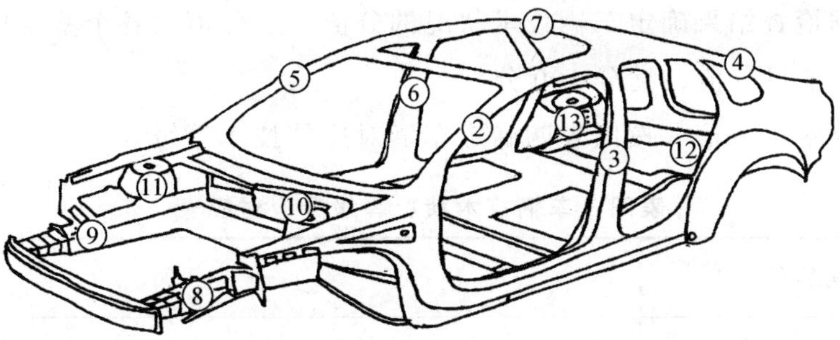

图二 车体结构示意图

2—左 A 柱；3—左 B 柱；4—左 C 柱；5—右 A 柱；6—右 B 柱；7—右 C 柱；
8—左纵架；9—右纵梁；10—左减振器悬挂部位；11—右减振器悬挂部位；
12—左后减振器悬挂部位；13—右后减振器悬挂部位

5.6.2 使用漆面厚度检测设备配合对车体结构部件进行检测；使用车辆结构尺寸检测工具或设备检测车体左右对称性。

5.6.3 根据表二、表三对车体状态进行缺陷描述。即：车身部位+状态。例：4SH，即：左 C 柱有烧焊痕迹。

5.6.4 当表二中任何一个检查项目存在表三中对应的缺陷时，则该车为事故车。

5.6.5 事故车的车辆技术鉴定和价值评估不在本规范的范围之内。

表二 车体部位代码表

序号	检查项目	序号	检查项目
1	车体左右对称性	8	左前纵梁
2	左 A 柱	9	右前纵梁
3	左 B 柱	10	左前减震器悬挂部位
4	左 C 柱	11	右前减震器悬挂部位
5	右 A 柱	12	左后减震器悬挂部位
6	右 B 柱	13	右后减震器悬挂部位
7	右 C 柱		

表三 车辆缺陷状态描述对应表

代表字母	BX	NQ	GH	SH	ZZ
缺陷描述	变形	扭曲	更换	烧焊	褶皱

5.7　鉴定车辆技术状况

5.7.1　按照车身、发动机舱、驾驶舱、启动、路试、底盘等项目顺序检查车辆技术状况。

5.7.2　根据检查结果确定车辆技术状况的分值。总分值为各个鉴定项目分值累加，即鉴定总分 = Σ项目分值，满分 100 分。

5.7.3　根据鉴定分值，按照表四确定车辆对应的技术等级。

表四　车辆技术状况等级分值对应表

技术状况等级	分值区间
一级	鉴定总分≥90
二级	60≤鉴定总分＜90
三级	20≤鉴定总分＜60
四级	鉴定总分＜20
五级	事故车

5.8　评估车辆价值

5.8.1　根据车辆有关情况，确立估值方法，并对车辆价值进行估算。

5.8.2　估值方法选用原则：一般情况下，推荐选用现行市价法；在无参照物、无法使用现行市价法的情况下，选用重置成本法。

5.8.3　现行市价法的运用方法：评估价值为相同车型、配置和相同技术状况鉴定检测分值的车辆近期的交易价格；如无参照，可从本区域本月内的交易记录中调取相同车型、相近分值，或从相邻区域的成交记录中调取相同车型、相近分值的成交价格，并结合车辆技术状况鉴定分值加以修正。

5.8.4　当无任何参照体时，使用重置成本法计算车辆价值。

车辆评估价值=更新重置成本×综合成新率

1. 更新重置成本为相同型号、配置的新车在评估基准日的市场零售价格；

2. 综合成新率由技术鉴定成新率与年限成新率组成，即：

综合成新率=年限成新率×α+技术鉴定成新率×β。其中，年限成新率=预计车辆剩余使用年限/车辆使用年限（乘用车使用年限 15 年，超过 15 年的按实际年限计算；有年限规定的车辆、营运车辆按实际要求计算）；技术鉴定成新率=车辆技术状况分值/100；α、β分别为技术鉴定成新率与年限成新率系数，由评估人员根据市场行情等因素确定，且$\alpha+\beta=1$。

技术鉴定成新率×β，相当于实体性陈旧贬值与功能性陈旧贬值后，车辆剩余的价值率；年限成新率×α，相当于经济性陈旧贬值后，车辆剩余的价值率。

5.9 撰写及出具鉴定评估报告

5.9.1 根据车辆技术状况鉴定等级和价值评估结果等情况，按照附录二要求撰写《二手车鉴定评估报告》，做到内容完整、客观、准确，书写工整。

5.9.2 按委托书要求及时向客户出具《二手车鉴定评估报告》，并由鉴定评估人与复核人签章、鉴定评估机构加盖公章。

5.10 归档工作底稿

将《二手车鉴定评估报告》及其附件与工作底稿独立汇编成册，存档备查。档案保存一般不低于5年；鉴定评估目的涉及财产纠纷的，其档案至少应当保存10年；法律法规另有规定的，从其规定。

6 正常车辆技术状况鉴定有关要求

6.1 车 身

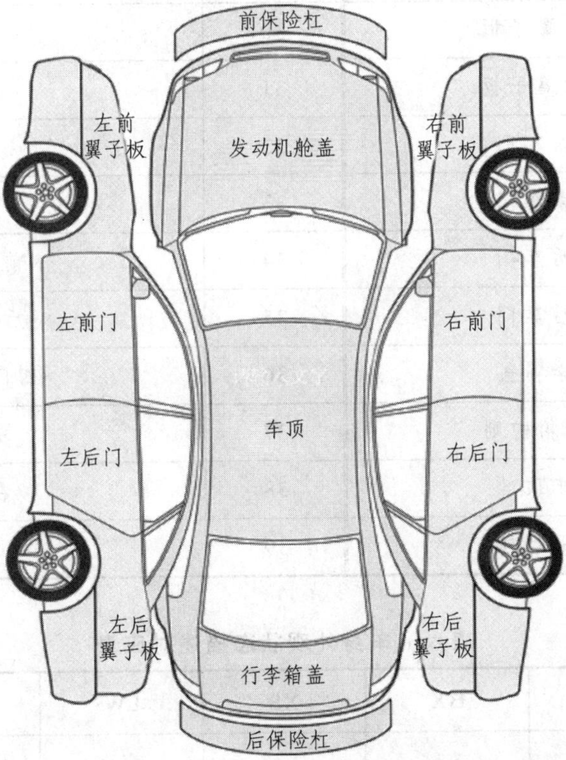

图三 车身外观展开示意图

6.1.1　参照图三标示，按照表五、表六要求检查 26 个项目，程度为 1 的扣 0.5 分，每增加 1 个程度加扣 0.5 分。共计 20 分，扣完为止。轮胎部分需高于程度 4 的标准，不符合标准扣 1 分。

6.1.2　使用车辆外观缺陷测量工具与漆面厚度检测检测仪器结合目测法对车身外观进行检测。

6.1.3　根据表五、表六描述缺陷，车身外观项目的转义描述为：

车身部位 + 状态 + 程度。

例：21 × S2 对应描述为：左后车门有锈蚀，面积为大于 100 mm × 100 mm，小于或等于 200 mm × 300 mm。

表五　车身外观部位代码对应表

代码	部位	代码	部位
14	发动机舱盖表面	27	后保险杠
15	左前翼子板	28	左前轮
16	左后翼子板	29	左后轮
17	右前翼子板	30	右前轮
18	右后翼子板	31	右后轮
19	左前车门	32	前大灯
20	右前车门	33	后尾灯
21	左后车门	34	前挡风玻璃
22	右后车门	35	后挡风玻璃
23	行李箱盖	36	四门风窗玻璃
24	行李箱内则	37	左后视镜
25	车顶	38	右后视镜
26	前保险杠	39	轮胎

表六　车身外观状态描述对应表

代码	HH	BX	XS	LW	AX	XF
描述	划痕	变形	锈蚀	裂纹	凹陷	修复痕迹

程度：1——面积小于或等于 100 mm × 100 mm；

2——面积大于 100 mm × 100 mm 并小于或等于 200 mm × 300 mm；

3——面积大于 200 mm × 300 mm；

4——轮胎花纹深度小于 1.6mm。

6.2 发动机舱

按表七项要求检查 10 个项目。选择 A 不扣分，第 40 项选择 B 或 C 扣 15 分；第 41 项选择 B 或 C 扣 5 分；第 44 项选择 B 扣 2 分，选择 C 扣 4 分；其余各项选择 B 扣 1.5 分，选择 C 扣 3 分。共计 20 分，扣完为止。

如检查第 40 项时发现机油有冷却液混入、检查第 41 项时发现缸盖外有机油渗漏，则应在《二手车鉴定评估报告》或《二手车技术状况表》的技术状况缺陷描述中分别予以注明，并提示修复前不宜使用。

表七　发动机舱检查项目作业表

序号	检查项目	A	B	C
40	机油有无冷却液混入	无	轻微	严重
41	缸盖外是否有机油渗漏	无	轻微	严重
42	前翼子板内缘、水箱框架、横拉梁有无凹凸或修复痕迹	无	轻微	严重
43	散热器格栅有无破损	无	轻微	严重
44	蓄电池电极桩柱有无腐蚀	无	轻微	严重
45	蓄电池电解液有无渗漏、缺少	无	轻微	严重
46	发动机皮带有无老化	无	轻微	严重
47	油管、水管有无老化、裂痕	无	轻微	严重
48	线束有无老化、破损	无	轻微	严重
49	其他	只描述缺陷，不扣分		

6.3 驾驶舱

按表八要求检查 15 个项目。选择 A 不扣分，第 50 项选择 C 扣 1.5 分；第 51、52 项选择 C 扣 0.5 分；其余项目选择 C 扣 1 分。共计 10 分，扣完为止。

如检查第 60 项时发现安全带结构不完整或者功能不正常，则应在《二手车鉴定评估报告》或《二手车技术状况鉴定书》的技术状况缺陷描述中予以注明，并提示修复或更换前不宜使用。

表八　驾驶舱检查项目作业表

序号	检查项目	A	C
50	车内是否无水泡痕迹	是	否
51	车内后视镜、座椅是否完整、无破损、功能正常	是	否
52	车内是否整洁、无异味	是	否
53	方向盘自由行程转角是否小于 15°	是	否
54	车顶及周边内饰是否无破损、松动及裂缝和污迹	是	否
55	仪表台是否无划痕，配件是否无缺失	是	否
56	排挡把手柄及护罩是否完好、无破损	是	否
57	储物盒是否无裂痕，配件是否无缺失	是	否
58	天窗是否移动灵活、关闭正常	是	否
59	门窗密封条是否良好、无老化	是	否
60	安全带结构是否完整、功能是否正常	是	否
61	驻车制动系统是否灵活有效	是	否
62	玻璃窗升降器、门窗工作是否正常	是	否
63	左、右后视镜折叠装置工作是否正常	是	否
64	其他	只描述缺陷，不扣分	

6.4 启　动

按表九要求检查 10 个项目。选择 A 不扣分，第 65、66 项选择 C 扣 2 分；第 67 项选择 C 扣 1 分；第 68 至 71 项，选择 C 扣 0.5 分；第 72、73 项选择 C 扣 10 分。共计 20 分，扣完为止。

如检查第 66 项时发现仪表板指示灯显示异常或出现故障报警，则应查明原因，并在《二手车鉴定评估报告》或《二手车技术状况鉴定书》的技术状况缺陷描述中予以注明。

优先选用车辆故障信息读取设备对车辆技术状况进行检测。

表九　启动检查项目作业表

序号	检查项目	A	C
65	车辆启动是否顺畅（时间少于 5 s，或一次启动）	是	否
66	仪表板指示灯显示是否正常，无故障报警	是	否
67	各类灯光和调节功能是否正常	是	否
68	泊车辅助系统工作是否正常	是	否
69	制动防抱死系统（ABS）工作是否正常	是	否
70	空调系统风量、方向调节、分区控制、自动控制、制冷工作是否正常	是	否
71	发动机在冷、热车条件下怠速运转是否稳定	是	否
72	怠速运转时发动机是否无异响，空挡状态下逐渐增加发动机转速，发动机声音过渡是否无异响	是	否
73	车辆排气是否无异常	是	否
74	其他	只描述缺陷，不扣分	

6.5 路 试

按表十要求检查10个项目。选择A不扣分，选择C扣2分。共计15分，扣完为止。

如果检查第80项时发现制动系统出现刹车距离长、跑偏等不正常现象，则应在《二手车鉴定评估报告》或《二手车技术状况表》的技术缺陷描述中予以注明，并提示修复前不宜使用。

表十 路试检查项目作业表

序号	检查项目	A	C
75	发动机运转、加速是否正常	是	否
76	车辆启动前踩下制动踏板，保持5～10 s，踏板无向下移动的现象	是	否
77	踩住制动踏板启动发动机，踏板是否向下移动	是	否
78	行车制动系最大制动效能在踏板全行程的4/5以内达到	是	否
79	行驶是否无跑偏	是	否
80	制动系统工作是否正常有效、制动不跑偏	是	否
81	变速箱工作是否正常、无异响	是	否
82	行驶过程中车辆底盘部位是否无异响	是	否
83	行驶过程中车辆转向部位是否无异响	是	否
84	其他	只描述缺陷，不扣分	

6.6 底 盘

按表十一要求检查8个项目。选择A不扣分，第85、86项，选择C扣4分；第87、88项，选择C扣3分；第89、90、91项，选择C扣2分。共计15分，扣完为止。

表十一 底盘检查项目作业表

序号	检查项目	A	C
85	发动机油底壳是否无渗漏	是	否
86	变速箱体是否无渗漏	是	否
87	转向节臂球销是否无松动	是	否
88	三角臂球销是否无松动	是	否
89	传动轴十字轴是否无松旷	是	否
90	减振器是否无渗漏	是	否
91	减振弹簧是否无损坏	是	否
92	其他	只描述缺陷，不扣分	

6.7　功能性零部件

对表十二所示部件功能进行检查。结构、功能坏损的，直接进行缺陷描述，不计分。

表十二　车辆功能性零部件项目表

序号	类别	零部件名称	序号	类别	零部件名称
93	车身外部件	发动机舱盖锁止	105	随车附件	备胎
94		发动机舱盖液压撑杆	106		千斤顶
95		后门/后备箱液压支撑杆	107		轮胎扳手及随车工具
96		各车门锁止	108		三角警示牌
97		前后雨刮器	109		灭火器
98		立柱密封胶条	110	其他	全套钥匙
99		排气管及消音器	111		遥控器及功能
100		车轮轮毂	112		喇叭高低音色
101	驾驶舱内部件	车内后视镜	113		玻璃加热功能
102		座椅调节及加热			
103		仪表板出风管道			
104		中央集控			

6.8　拍摄车辆照片

6.8.1　外观图片。分别从车辆左前部与右后部 45°角拍摄外观图片各 1 张。拍摄外观破损部位带标尺的正面图片 1 张。

6.8.2　驾驶舱图片。分别拍摄仪表台操纵杆、前排座椅、后排座椅正面图片各 1 张，拍摄破损部位带标尺的正面图片 1 张。

6.8.3　拍摄发动机舱图片 1 张。

7　二手车鉴定评估机构经营管理

7.1　有规范的名称、组织机构、固定场所和章程，遵守国家有关法律、法规及行规行约，客观公正地开展二手车鉴定评估业务。

7.2 在经营场所明显位置悬挂二手车鉴定评估机构核准证书和营业执照等证照，张贴二手车鉴定评估流程和收费标准。

7.3 二手车鉴定评估人员应严格遵守职业道德、职业操守和执业规范。

7.4 开展二手车鉴定评估活动应坚持客观、独立、公正、科学的原则，按照关联回避原则，回避与本机构、评估人有关联的当事人委托的鉴定评估业务。

7.5 建立内部培训考核制度，保证鉴定评估人员职业素质和鉴定评估工作质量。

7.6 建立和完善二手车鉴定评估档案制度，并根据评估对象及有关保密要求，合理确定适宜的建档内容、档案查阅范围和保管期限。

附录二

机动车强制报废标准规定

第一条 为保障道路交通安全、鼓励技术进步、加快建设资源节约型、环境友好型社会，根据《中华人民共和国道路交通安全法》及其实施条例、《中华人民共和国大气污染防治法》、《中华人民共和国噪声污染防治法》，制定本规定。

第二条 根据机动车使用和安全技术、排放检验状况，国家对达到报废标准的机动车实施强制报废。

第三条 商务、公安、环境保护、发展改革等部门依据各自职责，负责报废机动车回收拆解监督管理、机动车强制报废标准执行有关工作。

第四条 已注册机动车有下列情形之一的应当强制报废，其所有人应当将机动车交售给报废机动车回收拆解企业，由报废机动车回收拆解企业按规定进行登记、拆解、销毁等处理，并将报废机动车登记证书、号牌、行驶证交公安机关交通管理部门注销：

（一）达到本规定第五条规定使用年限的；

（二）经修理和调整仍不符合机动车安全技术国家标准对在用车有关要求的；

（三）经修理和调整或者采用控制技术后，向大气排放污染物或者噪声仍不符合国家标准对在用车有关要求的；

（四）在检验有效期届满后连续 3 个机动车检验周期内未取得机动车检验合格标志的。

第五条 各类机动车使用年限分别如下：

（一）小、微型出租客运汽车使用 8 年，中型出租客运汽车使用 10 年，大型出租客运汽车使用 12 年；

（二）租赁载客汽车使用 15 年；

（三）小型教练载客汽车使用 10 年，中型教练载客汽车使用 12 年，大型教练载客汽车使用 15 年；

（四）公交客运汽车使用13年；

（五）其他小、微型营运载客汽车使用10年，大、中型营运载客汽车使用15年；

（六）专用校车使用15年；

（七）大、中型非营运载客汽车（大型轿车除外）使用20年；

（八）三轮汽车、装用单缸发动机的低速货车使用9年，装用多缸发动机的低速货车以及微型载货汽车使用12年，危险品运输载货汽车使用10年，其他载货汽车（包括半挂牵引车和全挂牵引车）使用15年；

（九）有载货功能的专项作业车使用15年，无载货功能的专项作业车使用30年；

（十）全挂车、危险品运输半挂车使用10年，集装箱半挂车20年，其他半挂车使用15年；

（十一）正三轮摩托车使用12年，其他摩托车使用13年。

对小、微型出租客运汽车（纯电动汽车除外）和摩托车，省、自治区、直辖市人民政府有关部门可结合本地实际情况，制定严于上述使用年限的规定，但小、微型出租客运汽车不得低于6年，正三轮摩托车不得低于10年，其他摩托车不得低于11年。

小、微型非营运载客汽车、大型非营运轿车、轮式专用机械车无使用年限限制。

机动车使用年限起始日期按照注册登记日期计算，但自出厂之日起超过2年未办理注册登记手续的，按照出厂日期计算。

第六条 变更使用性质或者转移登记的机动车应当按照下列有关要求确定使用年限和报废：

（一）营运载客汽车与非营运载客汽车相互转换的，按照营运载客汽车的规定报废，但小、微型非营运载客汽车和大型非营运轿车转为营运载客汽车的，应按照本规定附件1所列公式核算累计使用年限，且不得超过15年；

（二）不同类型的营运载客汽车相互转换，按照使用年限较严的规定报废；

（三）小、微型出租客运汽车和摩托车需要转出登记所属地省、自治区、直辖市范围的，按照使用年限较严的规定报废；

（四）危险品运输载货汽车、半挂车与其他载货汽车、半挂车相互转换的，按照危险品运输载货车、半挂车的规定报废。

距本规定要求使用年限1年以内（含1年）的机动车，不得变更使用性质、转移所有权或者转出登记地所属地市级行政区域。

第七条 国家对达到一定行驶里程的机动车引导报废。

达到下列行驶里程的机动车，其所有人可以将机动车交售给报废机动车回收拆解企业，由报废机动车回收拆解企业按规定进行登记、拆解、销毁等处理，并将报废的机动车登记证书、号牌、行驶证交公安机关交通管理部门注销：

（一）小、微型出租客运汽车行驶 60 万千米，中型出租客运汽车行驶 50 万千米，大型出租客运汽车行驶 60 万千米；

（二）租赁载客汽车行驶 60 万千米；

（三）小型和中型教练载客汽车行驶 50 万千米，大型教练载客汽车行驶 60 万千米；

（四）公交客运汽车行驶 40 万千米；

（五）其他小、微型营运载客汽车行驶 60 万千米，中型营运载客汽车行驶 50 万千米，大型营运载客汽车行驶 80 万千米；

（六）专用校车行驶 40 万千米；

（七）小、微型非营运载客汽车和大型非营运轿车行驶 60 万千米，中型非营运载客汽车行驶 50 万千米，大型非营运载客汽车行驶 60 万千米；

（八）微型载货汽车行驶 50 万千米，中、轻型载货汽车行驶 60 万千米，重型载货汽车（包括半挂牵引车和全挂牵引车）行驶 70 万千米，危险品运输载货汽车行驶 40 万千米，装用多缸发动机的低速货车行驶 30 万千米；

（九）专项作业车、轮式专用机械车行驶 50 万千米；

（十）正三轮摩托车行驶 10 万千米，其他摩托车行驶 12 万千米。

第八条 本规定所称机动车是指上道路行驶的汽车、挂车、摩托车和轮式专用机械车；非营运载客汽车是指个人或者单位不以获取利润为目的的自用载客汽车；危险品运输载货汽车是指专门用于运输剧毒化学品、爆炸品、放射性物品、腐蚀性物品等危险品的车辆；变更使用性质是指使用性质由营运转为非营运或者由非营运转为营运，小、微型出租、租赁、教练等不同类型的营运载客汽车之间的相互转换，以及危险品运输载货汽车转为其他载货汽车。本规定所称检验周期是指《中华人民共和国道路交通安全法实施条例》规定的机动车安全技术检验周期。

第九条 省、自治区、直辖市人民政府有关部门依据本规定第五条制定的小、微型出租客运汽车或者摩托车使用年限标准，应当及时向社会公布，并报国务院商务、公安、环境保护等部门备案。

第十条 上道路行驶拖拉机的报废标准规定另行制定。

第十一条 本规定自 2013 年 5 月 1 日起施行。2013 年 5 月 1 日前已达到本规定所列报废标准的，应当在 2014 年 4 月 30 日前予以报废。《关于发布〈汽车报废标准〉的通知》(国经贸经〔1997〕456 号)、《关于调整轻型载货汽车报废标准的通知》(国经贸经〔1998〕407 号)、《关于调整汽车报废标准若干规定的通知》(国经贸资源〔2000〕1202 号)、《关于印发<农用运输车报废标准>的通知》(国经贸资源〔2001〕234 号)、《摩托车报废标准暂行规定》(国家经贸委、发展计划委、公安部、环保总局令〔2002〕第 33 号)同时废止。

参考文献

[1] 王永盛，金涛. 汽车评估[M]. 2版. 北京：机械工业出版社，2009.

[2] 中国就业培训指导中心组织编写. 二手车鉴定评估师（基础知识）[M]. 北京：中国劳动社会保障出版社，2008.

[3] 中国就业培训指导中心组织编写. 二手车鉴定评估师（国家职业资格四级）[M]. 北京：中国劳动社会保障出版社，2008.

[4] 陈高路. 汽车发动机控制系统检测与维修工作页[M]. 北京：人民交通出版社，2007.

[5] 屠卫星. 旧机动车鉴定与评估[M]. 北京：人民交通出版社，2014.

[6] 中华人民共和国国家质量监督检验检疫总局，中国国家标准化管理委员会. 二手车鉴定评估技术规范[S]. 北京：中国标准出版社，2013.